そのドアから
お入りください
INCREDIBLE HOTELS
可笑しなホテル
世界のとっておきホテル24軒
ベティーナ・コバレブスキー
松井貴子 訳
二見書房

地下洞窟ホテル（p144）

まえぶん

オーストラリアを旅していたときのこと。旅仲間の一人が、ビクトリア州に面白いホテルがあると教えてくれました。地底に暮らすという伝説の巨人の口から入り、地下に降りていくと、鍾乳洞の中にリビングとベッドルームがあるそうな（左の写真）。私は一瞬にして心を奪われました。そこで一夜を過ごすのはどんな気分かしら？　そんなホテルを誰が、なぜ、作ったのだろう……？　それがすべての始まりでした。世界には、もっと不思議なホテルがたくさんあるにちがいない……そんな思いから、私はこの本を作りました。そう、これは“世界中の可笑《おか》しなホテルが織り成す万華鏡《まんげきょう》”です。

この万華鏡には、安宿から高級ホテルまで、簡素な小屋から豪華リゾートまで、ランクを問わずさまざまお宿が詰めこまれています。共通点はただ一つ、私がこれだと思ったホテルであること。つまり、ユニークな味わいがあり、なかなか巡り会えないものに出会え、かつ私たちの日常生活にピリッとスパイスのような刺激をくれる、そんなホテルたちです。

さらに、宿に泊まるだけでも充分なのですが、旅をより楽しむために、周辺の見どころスポットも収録しました。選んだのは、「忘れられない旅の思い出」として心に残る場所。文化、歴史、科学などジャンルはさまざまですが、やはりいちばんは自然の驚異です。イルカと泳いだり、ゾウやオオカミに出会ったり、幻想的なオーロラの光を浴びたり、奇岩のそびえ立つ月面みたいな異次元世界（カッパドキア）をぶらぶらしたり……。どれも、忘れられない強烈な思い出です。

どのホテルも、私の期待を軽々と超えてくれたのはうれしい誤算でした。心の準備は万端だったのに、毎回それ以上の何かに出会うことができたのです。ちょっとした気配り、心温まる裏話、ひと目見た瞬間に心をわしづかみされる鮮烈な体験……。でも、ご心配なく。この本にすべてを収めることなどできるわけがありません。世界には、あなたの訪問を待っている“すごいホテル”がまだまだあるはずです。

そして何よりも、私にとっていちばんの思い出は、これらのホテルのオーナーたちの姿でした。理想と活力にあふれ、困難にもめげず夢を実現した、尊敬すべき人々。彼らの前では帽子を脱いで……と言いたいところだけれど、ふたたび帽子をかぶり、“可笑しなホテル”を見つけに出かけましょう！

この本が、日常とはひと味ちがった一夜を過ごすきっかけとなりますように。

ベティーナ・コバレブスキー

* Incredible Hotels *

＊可笑しなホテル＊

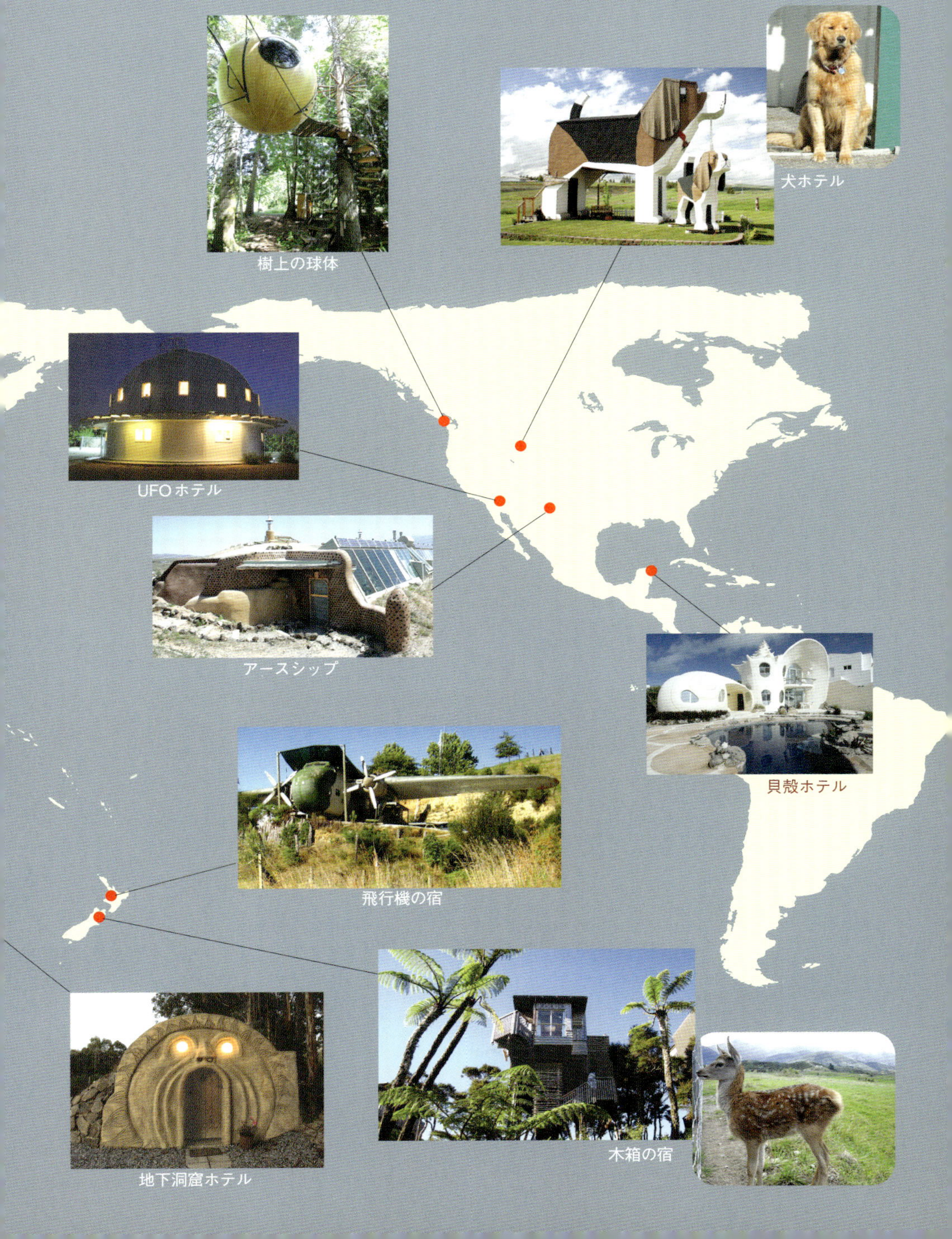

PENSION
Kamerichs

INCREDIBLE HOTELS

ヨーロッパ篇

Europe

トランク・ホテル Kofftel

ドイツ、ザクセン州

バックパッカー向け“寝台列車”

ある静かな夜のこと。ドイツ連邦鉄道に勤めて25年になるマティアスは、ドイツ中部の小さな村ルンツェナウの駅で一人考えごとをしていた。

マティアスは村の発明家として知られ、釘の針山を座面にした椅子など、奇妙でユーモラスなモノを作ってきた。しかし、このとき彼が考えていたのは、珍しく実用的なモノだった。「トランク・ホテル」である。

村の人々はマティアスのアイデアを面白がり、多くの村人たちが彼を手伝った。地元の大工さんが基礎を造り、屋根職人が外観を仕上げた。配管工がトイレや水回りを設置し、引退生活を送る元教師が天井を星模様で飾る……。こうして2年後、世界初の「トランク・ホテル」が完成した。

この巨大なトランクは、ぽつんと道端に置かれている。道路からもよく見えるので、ときどき車を降りてその正体を確かめている人もいる。

オーナー：マティアス・レーマン

「あるとき友人の哲学教授が言ったんだ、私の〈オーベルフェンハ駅〉博物館で一夜を過ごしてみたいとね。泊めてあげたかったけれど、博物館には展示品がある。それで考えていたら、50個も集めたトランクのことが頭に浮かんだ。これだ！ と思いついて、その夜からトランク・ホテルの設計を始めたんだ」

訪れた私がしげしげと眺めていると、「いらっしゃい」とマティアスが現れた。脇に置かれた荷物用のカートを指さして、「女性客へのサービスだよ。あんたも何でもかんでも旅行に持ってくだろう、ほら、大荷物じゃないか」と微笑む。たしかに、たった一つの「トランク」にすべてを詰め込んだ彼にしてみれば、女性旅行者の荷物は大きい。

お世辞にも広いとはいえないが、「トランク」はしっかり必要を満たしている。２段ベッドと、駅で使われていたロッカーの整理棚。その脇に洗面台、トイレがある。ちなみに、壁には「最大積載量1600kg」の文字。

寝台に上がり寝そべってみると、思いのほか快適だった。ただ、星空模様の天井は低く、背の低い私でさえ座ることもできない。しかたがないのでまた横になり、壁の落書きを眺めた。宿泊客のいたずら書きかと思ったが、よく見ると、あれこれ書き付けられた文字はマティアスの温かな気配りへの感謝の言葉だった。私が気に入ったのは、「ここはいいとこだな」という簡潔にして的を得たひとこと。寝つけない客がいると、マティアスは安らかな眠りにつける本を届けてくれるという。

朝になると、マティアスは外の芝生の上に手摘みの花を飾ったささやかな朝食のテーブルを用意する。食器には、鉄道専門の食事サービス会社「ミトロパ」のロゴ。庭のすぐ先をムルデ川が流れ、木々から鳥のさえずりが聞こえる。ネコがもうひと眠りというようにゆっくりと伸びをする。男の子なのに女の子の名を付けられた「金髪のイングリッド」は、呼びかけるとニャアと返事をした。

マティアスの家は、鉄道ファンの聖地として知られている。鉄道関係の機器やグッズのコレクションが展示され、庭には古い蒸気機関車が鎮座する。小さなショップには、コレクター好みのがらくたがぎっしりだ。きわめつけは、近隣の町から移築したという「オーベルフェンハ駅」。古い木造の駅舎で、当時の愛らしい姿をとどめたまま、今は風刺画を展示する小さな博物館になっている。

さらに、敷地内には「ツム・プレルボック（古い緩衝器）」と名づけたパブがある。遠くからも鉄道ファンが足を運ぶ有名パブで、小さいながらも居心地がいい。ドイツ鉄道のテーブルと椅子が並び、世界中から集めた改札鋏が飾られ、壁に埋め込まれた古い緩衝器（バッファ）から生ビールが注がれる。

金髪のイングリッド

古い駅舎「オーベルフェンハ駅」

パブの天井には、各社の鉄道員から寄贈されたという200コの鉄道帽がずらりと並んでいる。「一つ一つに思い出がある……」とマティアスは言い、イタリア・シチリア島の小さな駅に勤める駅員がくれたという赤い帽子を手にとり、

「暑い夏の日だった。小さなスピーカーから、なぜか『雪のワルツ』が流れていた。彼は帽子を差し出し、『こいつは幸運のお守りだよ』とくれたんだ。彼は言った。『テロ集団“赤い旅団”が僕らの駅を爆破した。この帽子だけが残ったんだ。幸いなことに、その日僕は非番だった』と」

窓際の席に座ると、川べりに真っ青なカワセミが見える。〈お腹の時刻表〉と書かれたメニューに並ぶのは、「蒸気室から」「ポーターのカレイ」「狭軌のサラダ」などなど……。「駆動輪」を注文すると、チーズ、パイナップル、ポテト、パンケーキを添えた鶏胸肉のグリルが運ばれてきた。

常連客が気安く話しかけてくる。見かけはマフィアみたいだが、地元の聖職者だという。ひとしきり一神教の是非について話が弾んだあと、「あ、聖歌隊の練習の時間だ」と彼は立ち上がり、パブをあとにした。

温かく平和なひとときに満足した私は、庭の「ホテル」に戻ることにした。一室しかないこの宿は、私という客で今日も満室である。

パブの天井からぶら下がる鉄道帽

トランク・ホテル（Kofftel）

場所：ドイツ・ザクセン州ルンツェナウ。州都ドレスデンから70km。

情報：１室のみ。寝台は２つ。朝食付きで１人15.50ユーロ（約1800円）。寝袋を持参すること。
電話：+49 (0)373 836 410
http://www.prellbock-bahnart.de/

マティアスと妻マリッタは、休暇には鉄道帽を探す旅に出かける。行き先は、まだコレクションにない国である

周辺の見どころ

ドイツの伝統菓子・ジンジャーブレッドの焼き型。18世紀、プルスニッツのジンジャーブレッド職人はザクセン州王の御用達に任命された。共産主義時代の旧東ドイツでは、政府の命に反してこの町のジンジャーブレッド職人組合だけが集団企業化を拒んだという

★手づくりジンジャーブレッド

プルスニッツは、ザクセン州の名物「ジンジャーブレッド」（生姜を使ったケーキ）発祥の地。その歴史は16世紀半ばにさかのぼり、この町のパン職人が良質のスパイスを混ぜ込んだパンを焼いたのが始まりとされる。プルスニッツには今も8軒の伝統的なジンジャーブレッド屋があり、観光案内所のベーカリーでは手づくり体験ができる。

ルンツェナウから90km。公共交通機関だと4時間もかかるので、ルンツェナウからは車で行くのがお勧め。ドレスデンからは30km、電車で45分。ジンジャーブレッド手づくり体験は1人7ユーロ（約800円）、要予約。

電話：+49 (0)359 5544 246　http://www.pulsnitz.de/

自由にデコレーションしたジンジャーブレッドはお土産に最適

★蒸気機関車に乗ろう

美しい森を抜け、19の橋を渡って走る懐かしの蒸気機関車。燃えたぎる釜に絶え間なくシャベルで石炭を放り込む火夫の姿は、まるで西部劇のワンシーンだ。運転士は汽笛を鳴らし、機関士室から煙を追い出しながら、ひっきりなしに乗客が浴びせる質問に答えてくれる。

始発駅のあるラーデボイルの街は、ルンツェナウから70km、ドレスデンから10km。路線の中ほどに、狩猟の館で有名なモリッツブルクがある。ラーデボイル〜モリッツブルク間は11.60ユーロ（約1300円）、1日7本運行。ラーデボイル〜ラーデブルク（全路線）は12.80ユーロ（約1500円）、1日3本運行。追加料金15ユーロ（約1700円）で機関士室に乗せてもらえる（要予約）。

電話：+49 (0)352 0789 290

http://www.loessnitzgrundbahn.de/

蒸気機関車の運転士は踏切で速度をゆるめ、子どもたちに手を振るのにも忙しい

★木のおもちゃづくり

ドイツのクリスマスといえば、サンタクロースと、エルツ山地で作られる愛らしいクリスマス飾りの木工細工。「おもちゃの村」で知られるザイフェンはその中心生産地で、村にあるドイツ唯一のおもちゃ職人学校では、夏の間だけ観光客や初心者のための体験講座が開かれている。お香人形やくるみ割り人形、クリスマス・ピラミッドなどを作る職人の実演も見学できる。

ルンツェナウから50km（公共交通機関だと3時間かかる）。体験講座は5日間で150ユーロ（約17000円）。相談すれば1日コースも開講してくれる。

電話：+49 (0)373 6066 930　http://www.erzgebirge.org/

おもちゃ作りの体験講座では、馬やコマ、スノーマンを作ることができる

古城の宿
Glengorm Castle
スコットランド、マル島

家族史を紡《つむ》ぐグレンゴー城

その昔、遠い沖合いに浮かぶ険しい島に、若い夫婦が暮らしていた。二人の家は、海を見下ろす美しい城。妻は毎日ラベンダー色の乳母車を押して海辺の小さな漁村を訪ね、港で子どもたちを遊ばせた。一緒に遊ぶ村の子どもたちのなかに、明るくかわいらしい女の子がいた。

歳月が流れ、夫妻の子どもたちは一人、また一人と島を出て行った。最後に島を去った末っ子の男の子も、夢を求めて都会へと移り住んだ。しかし彼は、どこに行っても島が恋しく、幼いとき一緒に遊んだ女の子のことが忘れられずにいた。そしてあるとき、彼女を探そうと島へ戻る決心をした。

故郷に戻った彼は、何日も歩き回ったあげく、港近くの小さな家で暮らす彼女を見つけ出した。女の子は美しく成長していた。彼は彼女の前にひざまずき、求婚した。その日からずっと、二人は美しい城で幸せに暮らした……。

おとぎ話のようなこのお話は、マル島の岸壁に建つグレンゴー城をめぐる実際の出来事である。いま彼女はラベンダー色の乳母車を押し、子どもたちを遊ばせるために曲がりくねった道を漁村トバモリーへと下りて行くのだ。

城は絵本から抜け出たように愛らしく、よく手入れされた芝生とシャクナゲに取り囲まれ、背後には大西洋が広がっている。

眼前に大西洋……コル島、マック島、エグ島が見える

鉄製のノッカーを叩くと、城主のトム・ネルソンが扉を開けて出迎えてくれた。チェックのシャツ、コーデュロイのパンツとカジュアルな服装だが、洗練されたマナーを身に付けた本物の紳士だ。城の農場で750頭の羊、200頭の牛の世話をして暮らし、全身に実直な人柄がにじみでる。

トムは床に散らばった長靴やおもちゃのトラクターを指しながらにこやかに詫びると、城を案内してくれた。

母親が好きだったという油絵が飾られた城内は美術館のようで、百合の花の香りが漂っている。客間には白い暖炉があり、壁にはトムの妻マージョリーの肖像画。肘掛け椅子が置かれ、その脇にのんびりと犬が寝そべっている。

暖炉の上には妻の肖像画

オーナー：城主トム・ネルソン

「僕はこの城で生まれ育った。ここは僕の“家”、だから執事もボーイもおかないんだ。暖炉に薪をくべ、グラスにウィスキーを注いで、ゲストにも自分の家のように寛いでもらいたい。都会のホテルじゃなくて、ここは僕たちの家なんだから」

トムの母親が集めた絵画や彼女自身が描いた油絵があちこちに掛かり、城全体が美術館のよう

重厚な図書室では、オレゴンからきた夫婦が、暖炉の前でウィスキーのグラスを傾けていた。古い書棚に整然と本が収められ、部屋の隅に置かれた銀のトレイにスコッチのコレクションが並ぶ。

寝室は、銀細工の鏡や鉢、古い書き物机、大きな肘掛け椅子、四つ足ベッドが置かれ、先祖代々受け継がれてきた調度品の宝庫だ。

ダイニングルームには16世紀の堂々たるテーブルが据えられ、磨き込まれた銀の食器が用意されていた。食事には、トムの農場で作られた手づくりの製品や、城の近くで手摘みした新鮮なフルーツも並ぶ。窓の外には羊や牛が草を食む草原が広がり、その向こうには雄大な大西洋が広がっている。

グレンゴー城は、いくつもの表情をもつ。晴れた日には吸い寄せられるような神々しい魅力をたたえ、霧に包まれた雨の日には、秘密めいた荘厳な雰囲気が漂う。

城から海までは近く、吹きさらしの木々や苔のむした岩の間をぬって小径を下りると、断崖がそびえ波が岩を打つ荒々しい海辺に出る。ウミワシが空を舞い、イルカやミンククジラが見られることもある。

このむき出しの自然は、トムの飾らないライフスタイルと相まって、人里離れたグレンゴー城に神秘的な雰囲気を与えている。近くには古代ケルト人が信仰したというドルイド教にまつわる4000年前の巨石遺跡もあり、辺りには超自然的な空気が漂っている。

城は1863年に建てられたもので、観光客向けの装飾や設備はない。だからこそ、ここでは時間が止まったかのような優雅なひとときを味わいながら、自分の家のように寛ぐことができる。たとえ一晩だけでも、おとぎ話の城で暮らすなんて、こんな贅沢はない。

グレンゴー・キャッスル（Glengorm Castle）

場所：スコットランドの北西・ヘブリディーズ諸島。マル島北端の村トバモリーの海沿いにある。

情報：ダブルルーム×５室。１泊朝食付きで１部屋140～190ポンド（約19000～26000円）。
電話：+44(0)1688 302 321
http://www.glengormcastle.co.uk/

夜の帳が下りて……都会のホテルにはない雰囲気に満ちている。城は、シャクナゲの花が咲く4月、ヘザーが満開になる8月がとくに美しい

周辺の見どころ

人間が近づいても平気なツノメドリ

★自然いっぱいのボートツアー

ルンガ島は「ツノメドリの島」として知られ、島を訪ねるボートツアーは「ツノメドリ・セラピー」と呼ばれる。ツノメドリは渡り鳥で、暖地で越冬したあと、春～夏の繁殖期をルンガ島で過ごす。海に面した断崖の草地でヒナを育てるが、警戒心が薄く、間近でその姿を見ることができる。ツアーはマル島を出発し、ルンガ島で2時間を過ごしたあと、手つかずの自然で知られるスタファ島、岩柱で有名な「フィンガルの洞窟」をめぐる。荒海なので、船酔いしやすい人は気をつけて。

グレンゴー城からボート乗り場まで40km。所要時間は6時間、45ポンド（約6000円）。4月～8月上旬のみ。

電話：+44(0)1688 400 297

http://www.turusmara.com/

「テレタビーズ」のロケ地としても知られるトバモリー港

★トバモリー散策

漁村トバモリーの郊外には、美しい景色が広がる。森や遺跡を抜け、海を眺めながらの散策を楽しもう。少し遠回りして、アードモア湾でのピクニックがおすすめ。近くにはアザラシが見られるスポットがあり、イルカやクジラが姿を見せることもある。

グレンゴー城で地図がもらえる。アードモア湾を回るコースは約3時間。トバモリーからグレンゴー城までは、タクシーで8ポンド（約1100円）前後。

★ケイリー・パーティ

「ケイリー」は、スコットランド伝統のフォークダンス。バイオリン、アコーディオン、アイルランドの伝統太鼓バウロンなどの生演奏に合わせ、老若男女が陽気に楽しむ。近年はブームで若者にも人気があり、街のあちこちでケイリー・パーティが行なわれている。ステップはむずかしくなく、手ほどきもしてくれるので気軽に参加してみよう。

観光案内所で教えてくれるが、トバモリーでは店のショーウィンドーにパーティのお知らせが掲示されている。お茶とケーキ付きで5ポンド（約700円）前後。

古式ゆかしいフォークダンス

湖上のお宿
Utter Inn
スウェーデン、ヴェストマンランド県

私だけの“小さな島”

通称“カワウソホテル”は、湖までとても近い。それもそのはず、湖の真ん中にあるのだ。正確には、浮かんでいる。カワウソホテルに泊まること、それは“水の上”と“水の中”で暮らすことなのだ。

この宿は、国内で3番めに大きいメーラレン湖の湖上にある。スウェーデンらしい赤と白にペイントされた木造りの小さな小屋で、ガスレンジ、飲料水のタンク、ケミカルトイレ（排せつ物を化学処理する）と、設備は最低限。高級ホテル志向の人には不向きだし、閉所恐怖症の人、水面下にある寝室まで小さなハシゴを降りていくなんていや、という人もやめておいたほうがいい。しかし、それでも平気というのなら、唯一無二のユニークな経験はあなたのものだ。

小屋の周囲はぐるりとテラスになっている。晴れやかな空に誘われ外へ出て、デッキチェアでくつろぐ——これこそが、カワウソホテルでの正しい過ごし方。ストレスを抱えた都市生活者に勧めたい“究極のリラックス”である。「自分だけの小さな島」では、湖に飛び込んだり、赤いゴムボートで隣人を訪問したり、なんだって自由なのだ。

水深3mにある寝室の四角い窓から見えるのは、ちらちらと揺れる緑がかった水中世界。窓には苔のように海藻がへばりつき、その向こうを魚たちがのぞき込むように横切っていく。水中をゆっくりと泳ぐノーザンパイクやシマスズキが一瞬動きを止めて、こちらをまじまじと眺める。見つめ返すと、目が合った。テレビがなくても、ここでは暇をもて余すことはない。

デッキチェアに寝そべったまま、私はさざ波の音に耳を傾け、ゆらゆらと波打つ揺れに身をまかせた。なにせ他にすることはない。ぼんやりと目を開けると、見えるのは水だけ。遠くに目をやると、緑の茂る小さな島が浮かんでいる。

ヨットが脇を走り抜け、人をぎっしり乗せたフェリーが行き過ぎる。乗客が手を振ってくれるが、湖面に浮かぶ小屋とそこにいる私を眺める視線はいぶかしげだ。水中では魚たち、水上では通り過ぎる船の乗客。カワウソホテルでは、淋しい思いをすることはない……。

水面下のベッドルーム

設計者：ミカエル・ゲンベリ

「僕の作品がアートか否か、なんてどうでもいいのさ。受け取る側が“アートだ”と思ったら、それはアートなんだ。何事も経験が大切。カワウソホテルにきた人は、それだけでこの作品の一部だよ」

　まどろんでいると、突然轟音が響いた。振り返ると、スピードボートがこっちに向かって突進してくる。船長が激しく手を振っているのは、気をつけろということ？　とっさにテーブルにしがみついた。大波がテラスを打ち、小屋がギーギーと音を立てて揺れ傾く。船長は平謝りしながらスウェーデン語で何か叫んだ。「ごめん、危ないところだったね！」――とでも言ったのだろう。そのとき、小屋の中で大きな音がした。飲料水のタンクが割れたのだ。幸い、携帯品はまとめて安全な場所にしまいこんである。

　危機は一瞬の間にやってきて、一瞬の間に去った。ゆらゆらと波打つ水の魔力に癒され、私はふたたび静かな独りの時間を楽しんだ。

家具、調理設備はあるが最低限。外のテラスには椅子２つ、テーブル、デッキチェアがあるのみ

ハッチを下りて寝室へ……

ベッドの枕元に切られた湖底の窓は水槽のよう

ウッテル・イン（Utter Inn）

場所：スウェーデン・ヴェストマンランド県。ストックホルムから電車で1時間、メーラレン湖畔の美しい町ヴェステロースからゴムボートで10分。

情報：水上部分は広さ6㎡。水中部分のほうが広く、ベッド（寝具はない）が2つにテーブル、読書灯がある。朝食付きで2名用1室1150クローネ（約15000円）。寝具・夕食（ボートで小屋まで配達してくれる）付きのプランは1500クローネ（約20000円）。学割あり。心配な人は耳栓を持参しよう。
電話：+46 (0)21 830 023
http://www.mikaelgenberg.com/

自分だけのデッキでくつろぐ著者

寝室へはこのハッチから

周辺の見どころ

カヌー・サファリ。睡蓮を
かき分けゆったりと進む

★湖のカヌー・サファリ

湖面いっぱいにスイレンが咲きほこる6月末～7月がお勧め。ガイドのダニエルは筋金入りのバードウォッチャーで、鳥の知識も豊富。よほど運が悪くないかぎり、ウミワシに出会うことができる。

メーラレン湖畔のヴェステロースから出発。所要時間は8時間、2,100クローネ（約27,000円）。4～7月のみ。

電話：+46 (0)224 740 011

http://www.svartadalen.nu/eng/activities/canoesafari.shtml

エストラ島は癒しのスポット

★癒しの島・エステラ島

メーラレン湖に浮かぶ小さなエステラ島は、地元の人にも観光客にも人気のスポットだ。緑豊かな島の岩に寝転んで、ゆったりと時間を過ごそう。泳げるスポットも多く、ヌーディスト・ビーチもある。ヴェステロースから、木造りの愛らしいフェリー「エルバ号」で10分、乗船料は45クローネ（約600円）。

電話：+46 (0)21 390 100

http://www.elba.nu/index_elba.php

ビルカの街角でナイフの柄を削る職人

★世界遺産ビルカ

メーラレン湖のビョルケ島にある都市遺跡ビルカは、その昔、スウェーデンで最も古いヴァイキングの交易拠点だった。現在は世界遺産に指定され、造船、鍛冶など、かつてヴァイキングが得意とした伝統技術の実演が行われている。多くの遺跡がそうであるように、ビルカもほとんど地中に埋もれている。

島を訪ねるツアーは5月～9月初め。湖に浮かぶ美しい島々をめぐる2.5時間のクルーズ付きで、270クローネ（約3500円）。

電話：+46 (0)21 390 100

http://www.stromma.se/en/Skargard/Stromma-Kanalbolaget/Day-cruises/Birka/

伝統的なヴァイキング・ジュエリー

ワイン樽の宿

Hotel Lindenwirt

ドイツ、ライン渓谷

80年前のワイン樽で眠る

ワインで名高いライン渓谷中流上部の街、リューデスハイム。酒場が軒を連ねる有名な「つぐみ横丁（ドロッセルガッセ）」でワインを堪能したあとは、ホテル・リンデンヴィルトに泊まって幸福の余韻を味わおう。

このホテルは世界中から観光客が押し寄せるつぐみ横丁の一画にあり、巨大なワイン樽が並んでいる。きれいにペイントされた樽には2つの窓と、ぎしぎしと軋むドアが取り付けてある。

104
Hallgartener
Jungfer

オーナー：ペーター・オーリッグ

「昔から、オーリッグ家とワインは切っても切れない関係にある。母親によると、私はワインの樽と樽の間で生まれたそうなんだ。美味で奥が深く、身体にもやさしい。ワインなしでは生きられない、という人のためにこの宿はあるんだよ」

80年前に造られたこれらの樽は、1960年代までオーリッグ家の暗く湿った貯蔵庫で現役として活躍していた。中にワインを宿し、ゆっくりと熟成させていたのだ。

樽をホテルにしようと思いついたのは、オーリッグ家の祖父だった。

通常なら燃やして処分するところ、中を磨いて2台のベッドを設置し、外もきれいにペイント。生まれ変わった樽は、「ハルガルテンの一番絞り」などワイン畑にちなんだ名がつけられ、裏庭にずらりと並べられている。一つ一つに金文字でワインの素晴らしさを謳った手書きの看板がぶら下がり、客を迎えてくれる。

樽の容量は6,000～8,000リットル。オーリッグ家では、リースリングの白ワイン、シュペートブルグンダー（ピノ・ノワール）の赤ワインを作っていた

つぐみ横丁は、朝から夜までざわめきが絶えない。居並ぶ酒場で愉しめるのは、酒と食事、そして伝統音楽の生ライブ。観光バスでやってくる年配の旅行者だけでなく、若者も集まって愉しんでいる。難しいことなど言わずにみんなで陽気に歌って踊る、これこそがつぐみ横丁の魅力だ。

夜も更けたころ、私は喧噪から抜け出してワイン樽に帰った。樽の中は簡素だが、シャワー、トイレ、衣装箪笥も備わっている。ベッドは少々幅が狭いと思ったが、壁側はワイン樽に沿って湾曲し、中央部が幅広になっていた。

深夜になると辺りも静まり、隣の樽の宿泊客が陽気な声をあげながら帰ってくるのを耳にした。リンデンヴィルトに期待すべきものは、くつろぎの眠りではなく、陽気でハッピーな一夜なのだ。

ホテル・リンデンヴィルト（Hotel Lindenwirt）

場所：ドイツ・ライン渓谷中流上部、リューデスハイムのつぐみ横丁（ドロッセルガッセ）。城が点在し、ワイン畑が広がる美しい一帯は、世界遺産に登録されている。

情報：ダブルルーム×６樽。１泊朝食付き・１名につき34.50ユーロ（約4000円）。１～２月は休業。
電話：+49 (0)6 722 9130
http://www.lindenwirt.com/

周辺の見どころ

★エーバーバッハ修道院のワインツアー

国内最大のぶどう畑をもつシトー派の修道院・エーバーバッハは、ドイツワインの生産拠点の一つ。修道院は約800年前にぶどう栽培を始め、ワイン生産地として名高いラインガウの歴史を築いた。荘厳な建物をめぐるガイドツアーでは、ドイツの高級ワインの肩書きの一つである「カビネット」の語源になったカビネットケラー（貯蔵庫）、映画『薔薇の名前』のロケに使われた礼拝堂など、6つのポイントで上級ワインのテイスティングを楽しめる。

リンデンヴィルトから12km。生演奏付きのガイドツアーは、2.5時間で25ユーロ（約3,000円）。音楽なしのツアーは20ユーロ（約2300円）。ツアーの開催は不定期、要予約。

電話：+49 (0)6 723 9178 111

http://www.kloster-eberbach.de/

合唱隊や楽隊が荘厳な音楽を奏でるなか、6つのテイスティング・ポイントで最上級のワインがふるまわれる

★ライン川の船旅

断崖に瀟洒な城が点在する美しい景観は、65kmにわたり「ライン渓谷中流上部」として世界遺産に登録されている。なかでも川岸の小さな街バッハラッハは、中世の趣きを残す木組みの家や小塔が立ち並び、「世界で一番美しい街」といわれる。シュターレック城（現在はユースホステル）からの眺望も絶景。遊覧船はリューデスハイム～バッハラッハ（1～1.5時間）ほか、さまざまなコースがある。

電話：+49 (0)6 721 14140

http://www.bingen-ruedesheimer.com/

電話：+49 (0)2 212 088 318

http://www.k-d.com/

ラインシュタイン城。ライン川流域で最も古い城の一つ。一般に公開されており、一部は博物館になっている

★ライン渓谷の1日コース

1日をかけてライン渓谷、ぶどう畑、古城などリューデスハイムの魅力を味わうお勧めコース。まずはリューデスハイムからぶどう畑を見下ろすケーブルカーに乗り、ゲルマニア像の記念碑で知られるニーダーヴァルトへ。ここからウォーキングコース4kmほど歩き、かつて狩猟用の城として使われていたホテル「ヤークトシュロス・ニーダーヴァルト」に到着。チェアリフトに乗って赤ワインで有名な隣町のアスマンスハウゼンに降り、ボートで対岸に渡って最後の目的地・中世の古城ラインシュタインへ。帰りはリューデスハイムまでの船が便利。

ケーブルカー、チェアリフト、対岸へのボート、ラインシュタイン城の見学料を含むパック料金は12ユーロ（約1400円）。ケーブルカー乗り場で地図がもらえる。

電話：+49 (0)6 722 2402

http://www.seilbahn-ruedesheim.de/

ライン川を行く遊覧船。世界遺産に登録されたロマンチックな景観を味わうには、船旅がいちばん

星空の寝室
Pension Kamerichs
ドイツ、ヴェストファーレン

芝生の上の瀟洒なベッド

ドイツ中西部のロタール山地、バート・ラースフェ郊外の緑豊かな一画。貴族の邸宅が似合いそうな洒落た雰囲気だが、「星空の下のベッド」はこの緑のなかにある。目印は、道沿いのガレージ屋上に載せられた「ペンション」と描かれた白いベッドの看板だ。

邸内に入ると、芝生の上にぽつんと白いドアが立ち、その奥に鉄製のシンプルなベッドが置かれている。

オーナー：マリー=ルイーズ・カマリクス

「2001年のある暑い夏の夜、一人のお客さんがガレージの上のベッドで寝てみたいと言ったの。翌朝、星空の一夜を体験した彼が感激してたものだから、ほかのお客さんもやってみたいと言いだしたのよ。5人が次々とガレージの上で寝て、さすがにそこで禁止したわ。そして翌年、庭にベッドを置いたの。このほうが安全ですから」

赤白のチェック地の温かそうなキルトが掛けられたベッドの上に、寝帽が載っている。白いひらひらしたのは女性用、先っぽがとがったのは紳士用。ベッドの脇には椅子とコットンの寝間着、ローソク。反対側にはアンティーク風のミルクジャグがあり、中に懐中電灯が入っている。昔ながらの水差しと洗面器、陶器製の湯たんぽ、あらあらシビンまで……。祖母の時代の瀟洒な寝室が、タイムスリップして庭に出現したようだ。

訪問を告げると屋敷からオーナーのマリー＝ルイーズが現れ、この“ホテル”の説明をしてくれた。屋内にシャワー付きのバスルーム（現代的なトイレも完備）があり、荷物はそこに置くこと。「もし雨が降ったら、屋内のベッドを使ってください。そのときは自分で寝具とマットレスを運んでね」。宿泊客はみなそうするのだと聞いて不安になったが、私が小柄なせいだろう、「ベルを鳴らせば夫が手伝いにきますよ」と付け足してくれた。いずれにしても、雨が降らないことを願うのみだ。

オーナーは屋敷に戻り、私は独り庭に、つまり今夜の寝室に残された。宿に着いたらいつもはまず洋服をタンスにしまうが、ここにはタンスなどない。壁のない部屋は、まるで舞台の上にいるみたい。ところが芝居の終わりを告げる幕はなく、なぜか庭の真ん中にドアだけがある。

屋敷へ行って、クローゼット兼お風呂場で寝間着に着替えた。芝生を小走りで戻り、ベッドにもぐり込む。庭の向こうに広がる木々が美しい。こんな早い時間にベッドに入るのは久しぶりだった。時間は夜の９時。暗くなりかけた空を雲がふわりと包み込んでいる。コウモリがひらひらと飛び交い、頭上の木々に止まる。

やがて暗闇が降りてきて毛布のように庭一面を覆い、辺りは静まり返った。遠くで犬の鳴き声が聞こえ、そしてまた、完全なる静寂。一番星が雲のすき間からのぞき、またたきはじめた。澄んだ大気のなかで眠るこの贅沢……。

朝６時に目を覚ますと、空はもう明るかった。朝食は８時、まだ時間は充分にあった。ベッドから降りると、朝露に濡れた芝生が裸足の足に冷たい。７月だというのに朝はずいぶんと涼しく、あんなにふわふわだったベッドも湿り気を帯びている。

朝食は、庭の大きなダイニングルームで他の宿泊客（いればの話だが）と一緒にとる。８時になるとマリー＝ルイーズが現れ、足が濡れないようにと木靴を貸してくれた。でももう濡れているのだし、裸足で自然を感じるのもわるくない。私は木製の大きなテーブルに座り、足をぶらぶらさせて裸足の爪先で芝生を撫でた。

芝生上のベッドに横たわり、美しい星空
を屋根として、原始の人類の一夜を

寝室へはこのドアから出入りする。
鍵をかける必要はなさそうだ

ペンション・カマリクス（Pension Kamerichs）

場所：ドイツ・マールブルク州ヴェストファーレンの北西37km、小さな町バート・ラースフェ。

情報：1泊朝食付きで35ユーロ（約4000円）。5ユーロ（約600円）を追加すれば朝食にサーモン、キャビア、シャンパンが付く。「庭ベッド」は3名まで。時間が気になる人は時計を持参しよう。
電話：+49 (0)2 752 6120
http://www.pensionkamerichs.de/

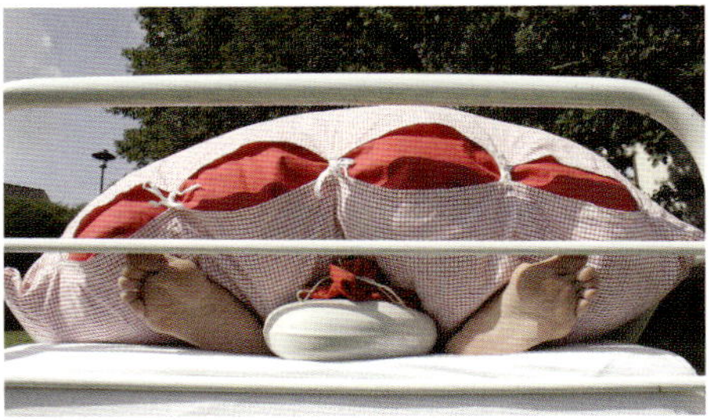

湯たんぽを足元に、澄んだ空気に包まれて眠り、鳥のさえずりで目覚める……

周辺の見どころ

★廃坑のレストラン

小さなラムスベックの町では、1974年まで使用されていた古い鉱坑でキャンドル・ディナーを楽しめる。作業服にヘルメットをかぶり、トロッコに乗って進む坑道は全長1.6km。レストランはその途中、地中300mの切り替えポイントにある。テーブルには古い石油ランプが灯り、鉱夫姿のスタッフが青灰色のブリキのお皿で3コース・ディナーをサーブしてくれる。内部の気温は一年中12度なので、暖かい服装で。

バート・ラースフェから山道を車で1時間。ディナー、鉱坑博物館の見学を含む3.5時間のコースで一人61ユーロ（約7000円）。申し込みはグループにかぎるが、毎月末の土曜日は個人参加も可。

電話：+49 (0)2 9049 7100

http://www.hotel-nieder.de/

廃坑でのキャンドル・ディナー

★弓矢でハンティング

忍び足で野生動物の足跡をたどり、弓矢で射止める。そんなロビン・フッド気分を味わいたい人は、ザウアーランド地方・ブリロンの森へ。ここには地元のアーチェリー・クラブが管理するハンティング場があり、プラスチック製の110匹の動物が点在している。難易度に合わせてさまざまなコースが用意され、初心者も熟練者も楽しめる。

バート・ラースフェから車で1時間。営業は水～日曜日、9:00～日没まで。所要時間は約3.5時間、8ユーロ（約900円）。ガイド料金は19.50ユーロ（約2300円／要予約）、弓矢のレンタルは7.50ユーロ（約900円）。

電話：+49 (0)1 6042 26448

http://www.sauerlaender-bogenschuetzen.de/

ザウアーランドのハンティング場

★鍾乳洞セラピー

美しい鍾乳石で知られるアッタ洞窟は、曲がりくねった神秘の地下世界。地下の新鮮な空気を味わうスポットでは、寝袋にくるまった人々がゆったりと寝そべっている。「洞窟セラピー」は広く認知されていて、静寂のなかで体を休めるだけでリラックス効果が期待できるという。お土産には、洞窟内で熟成された「洞窟チーズ」を（ここだけにしかない逸品！）。

バート・ラースフェから車で1時間。40分間のガイドツアーは7ユーロ（約800円）、2時間のセラピーコースは9.50ユーロ（約1100円）。29.50ユーロ（約3400円）で寝袋を販売しているが、レンタルはないので持参するとよい。

電話：+49 (0)2 7229 3750

http://www.atta-hoehle.de/

鍾乳洞での洞窟セラピー。地中50mの洞窟内は、湿度95%、気温9度。澄み切った空気は、ぜんそくやアレルギー疾患に医学的効果をもたらすことが報告されている

氷のホテル
Icehotel
スウェーデン、ノールボッテン県

幻想的な光のアートに包まれて

北極線を超えて200キロ。ラップランドの奥深くの小さな村ユッカスヤルビでは、毎年冬を迎えると凍てついたトーネ川の河口岸にアイスホテルが出現する。村には小さなスーパーマーケットとレストラン、みやげ物屋、スウェーデン最古の木造教会があるだけで、人口よりも犬の数のほうが多い。いまでこそアイスホテルは各地で見られるようになったが、始まりはこの小さな村だった。

きっかけは1990年、氷の彫刻展が開催されたときのこと。ホテルの数が足りず、訪れた人々の一部は仕方なくトナカイの毛皮と寝袋を手に、作品の一つであった氷の建物で夜を過ごした。この「氷の一夜」が、感動的な体験として評判を呼んだのだ。以来、村には“アイスホテル”が毎年つくられるようになった。

ユッカスヤルビのアイスホテルは、約5000㎡と世界最大である。氷のフロント、氷の柱廊、氷の客室、そして無数の氷の彫刻。氷のチャペルではミサや結婚式が行なわれ、ストックホルムの姉妹店とライブ映像でつながった氷のバー、シェークスピア劇を上演する氷の劇場もある。

村では、秋が終わると凍結したトーネ川から大きな氷のブロックの切り出しが始まる。ひと冬ごとに異なるアーティストが新しくデザインし、毎年その姿を変えるのがアイスホテルの特徴だ。

アートディレクター：アルネ・ベリ

「毎年、世界各国から30～40人のアーティストを招いてアイスホテルをデザインします。彫刻家はもちろん、建築家からデザイナーまで、顔ぶれは多彩です。11月に2週間をかけて設計するんですが、僕にはこれが1年でもっとも刺激的な時間ですね」

中に入ると、不思議と氷との一体感を感じる。冷たい氷の彫刻も、手を触れるとなめらかで柔らかい。壁も床も照明器具も、テーブルも椅子もベッドも、すべて氷。トーネ川の水は清澄で、夏のあいだ村人は飲み水として利用する。“アイスバー”で使われるグラスも、もちろん氷でできている。

宿泊客には、フロントで毛皮の帽子、スキーウェア、防寒ブーツ、分厚い寝袋が渡される。日が暮れると潮が引くように日帰り観光客がホテルを去り、宿泊客だけが残る。予約したスイートで、私は子どものころのキャンプを思い出した。部屋の壁は少しずつ溶けていくのでドアが設置できず、入口にはフェルトのカーテンが下がっている。

気温は－5度。寝袋にもぐり込み、トナカイの毛皮を敷いた氷のベッドに横たわる。毛皮は氷の冷たさを遮断してくれるものの、それでも翌朝に熱いサウナが待っていると思うとほっとする。

私が寝ているのは、数ヶ月前、鮭が川登りをしたその水でできたベッドだった。よく見ると、ところどころに水藻のかけらが閉じ込められている。永遠にそこに存在し続けるように思えたが、春になれば、これらはすべて溶けだしてトーネ川へと帰るのだった。

１年ごとに氷を削り出してつくるアイスホテルは、氷と雪でできた夢のような世界

アイスホテル（Icehotel）

場所：スウェーデン、ノールボッテン県ユッカスヤルビ。

情報：64室。朝食・サウナ付き、２名用１室の料金は、「雪の間」3800クローネ（約50000円）、彫刻の美しいスイート「氷の間」4900クローネ（約64000円）、贅を尽くした「アート・スイート」5800クローネ（約75000円）。ログキャビン、バンガローもあり、こちらは3390クローネ（約44000円）。年によって変わるが、営業は12月半ば～4月ごろまでの冬季のみ。
電話：+46(0)980 66800
http://www.icehotel.com/

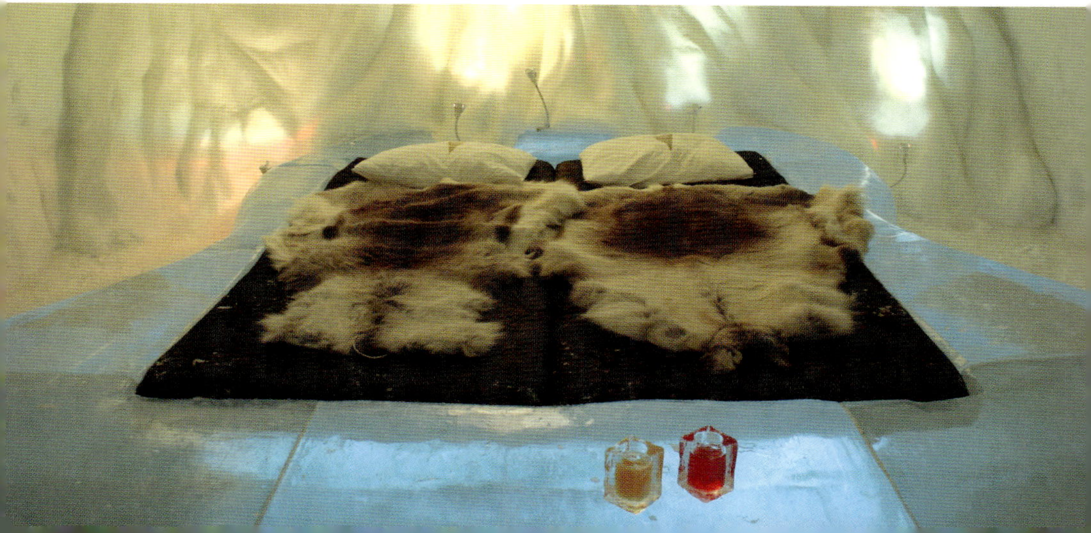

周辺の見どころ

犬ぞりツアーの途中で火を起こし、コーヒーブレイクを楽しむ

村人よりも犬ぞり用の犬のほうが多い

★犬ぞりツアー

凍てついた湖の上を走り、白く凍った森を駆け抜ける犬ぞりから見る景色は別世界。静まりかえった銀世界に、そりが風を切る音、犬の荒い息づかいだけが響く――これはお勧め！
1.5時間コースは、１人1,595クローネ（約21,000円）。昼食付きの４時間コースは、１人2,950クローネ（約39,000円）。アイスホテルで予約可。

★トナカイのそりとサーミ文化

ラップランドの少数民族サーミのガイドと行くトナカイ・ツアー。ガイドはカラフルな民族衣装をまとい、トナカイ肉のローストなどの伝統食をふるまってくれる。サーミ文化も学べる充実のツアー。
3.5時間、１人1,650クローネ（約22,000円）。アイスホテルで予約可。

★氷の彫刻

アイスホテルで行なわれている体験教室。プロの手ほどきを受けてオリジナル作品を造ろう。
２時間、１人595クローネ（約8,000円）。

氷は驚くほどに柔らかく、温かみさえ感じられる

トナカイの毛皮は自然がくれた最強の防寒具

監獄ホテル

Jailhotel Löwengraben

スイス、ルツェルン

1863年製の鉄製のドアには太い
ボルトが何本も埋め込まれている

囚人服のパジャマで眠る一夜

監獄ホテルは、古都ルツェルンの瀟洒な一画にある。街のシンボルとして有名なカペル橋やルツェルン湖までは徒歩数分。窓という窓に鉄格子がはめられたこの堅牢な建物には、1998年まで、最大55名の受刑者が収監されていた。それが今では様変わりし、「おもてなし」を提供するホテルとして営業している。

縞模様の囚人服を着たフロント係がお出迎え

かつての看守のこんな記録が残っている――。

「4号監房の囚人は、いつも無理な要求ばかり突きつけてきた。そのうちに、雑居房へ移してくれなけりゃ自殺してやる、と脅し文句を口にしはじめた。やがて諦めて静かになったが、ある日、決められた本数よりも多くのタバコを要求し、もっとタバコをよこせ！ とかんしゃくを起こした。そして片方の耳たぶをカミソリで切り落とし、私に差し出したのだ。背筋が凍り付いた。結局、囚人はタバコをせしめた。幸いなことに、囚人はそれ以来おとなしくなった」。

ルツェルン刑務所で実際にあった出来事の一つである。ここ「監獄ホテル」の部屋には、かつて収容されていた受刑者にまつわるエピソードを記したボードが掛けられている。しかし、世を忍び、窓の鉄格子を握り締めて外を見つめる犯罪者はもういない。現在ここに収容されるのは、世界中から自らの意志で“入獄”されにきた物好きな宿泊客なのだ。

鉄のドアには「1863年製」の文字。
太いボルトが何本も埋め込まれている

改装された監房は、寄木細工の床にバスルームも完備。家具は簡素で、そこが若い人に人気だが、刑務所だったころの雰囲気は今も色濃く残る。時計付きの水筒、巨大な鍵束、拘束服など、陳列ケースには囚人たちが使った道具が収められている。

宿泊室もかつての監房をなるべくそのままに残し、鉄の扉は重く、分厚い。鉄製ベッドも実際に使われていたものだ。

当時の面影がとくに色濃いのはスイートルームで、たとえば「刑務所長室スイート」は、所長が使用していた彫刻細工の豪華な衣装戸棚が壁一面を覆っている。

「監獄図書室スイート」にいたっては、当時の本が今も残されていて、受刑者の獄中生活の一端が垣間《かいま》見える。受刑者たちが借り出していた本は、『放火』『死刑執行人』『殺人は容易だ』など……。

オーナー：アフリム・バフティロスキ

「他のホテルとは違う何かがないとね。たとえば、彼女とケンカをしたあとに、『ごめん、ぼくが悪かった。罪を償おうと思うんだけど……一緒にどうかな？』なんて言ってきてくれれば嬉しいな」

「独房」を改装したシングル・ルームで瞑想に耽るもよし

監獄ホテルでは、良心の呵責《かしゃく》に苦しむ人のための特別プラン「償いの日々」が用意されている。予約時にこれを申し込んでおくと、フロントで囚人服を手渡され、宿泊室まで手錠をつけて連行されるのだ。部屋には質素な食事（パンと水）が用意済み、という気の利きようである。

あまりに生々しい雰囲気に、ここでは暇つぶしといっても、せいぜい10年ほど前に収容されていた囚人たちに思いを馳せるくらいだろう。かつてここには、小説や映画でしかお目にかかれないような犯罪者たちが暮らしていた。もしこの監房で一生を過ごさなきゃいけないとしたら……。

私は自由の身であることに感謝した。ルツェルン湖へ散歩に出かけることもできるのだ。部屋を出るとき窓が開いているのに気づいたが、そのままでいいのだと思い直した。あの窓から外へは出られず、つまりは外からも部屋には入れない。街へ出ると、ほっとひと息ついた。チェックアウトのときにこみ上げてくる平凡な人生への感謝の気持ち、それが監獄ホテルの醍醐味《だいごみ》である。

刑務所長室スイート

ジェイルホテル・レーベングラーベン
(Jailhotel Löwengraben)

場所：スイスの古都ルツェルンの中心部

情報：１泊朝食付きで、スタンダード（２名まで）が80.50～149スイスフラン（約7000円～13000円）、特別室（２～３名）が130～280スイスフラン（約11000円～25000円）。料金はシーズンによって異なる。特別プラン「償いの日々」は、囚人服、パン＆水のセットで10スイスフラン（約900円）。
電話：+41(0)41 410 7830
http://www.jailhotel.com/

償いの日に供される質素なパンと水

鉄格子とがらんとした廊下から過去の犯罪の匂いが漂う。その昔、看守はＴ字型廊下の交点に立ち、三方を監視した

周辺の見どころ

古都ルツェルンのカペル橋

★スイスの小径

のどかな外輪船でルツェルン湖をゆっくり渡り、「テルの礼拝堂」で下船。ここから湖に沿って、35kmのハイキングコース「スイスの小径」が延びている。尾根や湖を臨む美しい自然は世界一の絶景と名高く、「リュトリの野」「アクセンシュタインの丘」など数々の景勝地がある。
テルの礼拝堂から終点の町ブルンネンまで、所要時間は5時間。コースは一様でなく、いろいろな経路と組み合わせるなどアレンジもできる。ルツェルン湖の外輪船は往復58スイスフラン（約5000円）、片道2時間半。

ホルンの長さは3.5m。トランペットに似た音色が緑の草原に響く

★アルペンホルンの体験レッスン

白ひげをたくわえたアルスおじさんは、アルペンホルンを吹いて40年。初心者にもやさしく教えてくれる。レッスンは45分、50スイスフラン（約4500円）。レッスンをウォーキング・ツアーに組み込むのもお勧め。

★ピラトゥス登山鉄道

1889年に敷設された登山用ラック式鉄道。ルツェルン湖を船で渡ったアルプナッハシュタットから発車し、48度という世界一の急勾配を上ってピラトゥス山の頂上へたどり着く。標高2,132mからの眺めはもちろんのこと、ピラトゥス山にはさまざまなハイキングコースが用意されており、大自然を身近に楽しめる。山頂からはクリエンスの町までゴンドラで降り、そこからルツェルンまでバスで戻る。
登山鉄道の運行は5月から10月～11月まで（天候による）。ルツェルン（船）～アルプナッハシュタット（登山電車）～ピラトゥス山（ゴンドラ）～クリエンス（バス）～ルツェルンとめぐる周遊券「ゴールデン・ラウンド・トリップ・チケット」は72スイスフラン（約6400円）。

急勾配を登るピラトゥス登山鉄道

ガラスのかまくら

Igloo Village Kakslauttanen

フィンランド、ラップランド

少年の夢を叶えた宿

フィンランドでは、その年の初雪が降ると親が子どもたちのためにイグルー（かまくら）を作る習わしがある。ユッシ少年は、毎年父が作るイグルーを楽しみにしていた。ユッシは、大好きなイグルーの中で眠ってみたかった。しかし両親は許してくれなかった。

それから20年後、ユッシは夢を叶えた。ある年の冬、彼はイグルーを宿泊客に貸し出す「イグルー・リゾート」を作ったのだ。ほどなくして、アイデアはさらにふくらんだ。

「カクシラウッタネン」には、20基のガラス製イグルーが並んでいる。飛来した宇宙船団のように整然と、合計3列。ドームは頑丈な2層構造で、砕氷船の窓と同じ特殊ガラスが使われている。吹雪が吹き荒れる日も、気温が－30度に下がる日も、イグルーの中は快適だ。

オーナー：ユッシ・エイラモ

「昔は川で砂金をとっていた。その後サウナと小さなカフェ、8つの宿泊小屋の営業を始めたんだ。そこからだね、最初は雪のイグルーを作った。お客さんは喜んでくれたけれど、イグルーの外へ出て凍えながらオーロラを見ていた。これじゃだめだと思い、暖房付きのガラスのイグルーを思いついたんだ」

室内にはシンプルで機能的な家具が備わり、床暖房も効いている。2台の大きな電動ベッドと、その周囲をぐるりと一周する短めのカーテン。ベッドは快適だが、眠り込んでしまわぬこと！ オーロラを待つのだ。

カクシラウッタネンは、世界でも有数のオーロラ観測地である。9月から4月まで、空が晴れていれば少なくとも２日１度は見られ、３分から数時間続く。宇宙の神に命じられたかのようにゆるやかに空をうねる七色のやわらかな光のカーテンは、まさに自然の驚異。オーロラは、太陽風と呼ばれる電気を帯びた粒子が150キロ上空で空気にぶつかり、発光する現象である。

ガラスのイグルーは川をのぞむ森の入口に並ぶ

自然豊かなこの一帯は、季節ごとのよさがある。なかでも素晴らしいのは、広大なラップランドが色とりどりに染まる紅葉の秋だ。くっきりと空に映えるオーロラ、澄み切った空気と松の木の香り。コケモモやクランベリーが実をつけ、つづいてポルチーニなどキノコ狩りの季節がやってくる。

辺りは本当にのどかで、目の前でリスがたわむれ、キツネ、ワシ、ときにクマの姿を見かけることもある。もちろん、トナカイもいる。ここには人間の８倍の数のトナカイが暮らし、「カクシラウッタネン」は古い言葉で「トナカイの保存肉」の意味。もっとも、雪の積もる10月がくるまでに地元の少数民族サーミは子牛と一緒にトナカイを屠畜するので、秋にはトナカイの姿は少なくなる。

イグルーの目の前には川が流れ、その先にある小さな湖に流れ込んでいる。湖では３年に一度だけ、鮭釣りが解禁される。澄みきった川の水はそのまま飲むこともでき、イグルーの水道もこの川のほとりの泉から汲み上げている。

ガラスのイグルーで一夜を過ごしたあとは、フィンランド伝統のスモークサウナを楽しむのが定番だ。スモークサウナは現代式電気サウナの原型で、せっせと薪を焚いて温める。オーナーのユッシによると、ここのサウナは、世界一大きいという。

敷地に点在するユニークな
彫像は、もう一つの名物

カクシラウッタネンでは、朝食・夕食を敷地内のレストランでとる。メニューには「トナカイのステーキ」もある。

広大な敷地をぶらぶらとレストランまで歩く道すがら、目につくのがユニークな彫像だ。ユッシは毎年異なるアーティストに制作を頼み、一年に一つずつその数を増やしている。カクシラウッタネンの“顔”でもあるその像には、ガラスのイグルーでベッドに横たわって実感するラップランドの雄大な自然への敬意が込められている。

カクシラウッタネン（Igloo Village Kakslauttanen）

場所：フィンランド最北端の空港・イヴァロから南へ40km。

情報：ガラスのイグルーが20棟。最前列がいちばん眺めがよい。他にログキャビン、雪のイグルーもある。大きなガラス製テントは、宿泊客どうしの語らいの場。
ガラスのイグルーは、1泊2食＋朝のサウナ付きで1人1室210ユーロ（約24000円）。2人だと266ユーロ（約30000円）。6～8月末は閉鎖。
電話：+358(0)16 667 100
http://www.kakslauttanen.fi/

ログハウス造りのサウナ

冬季、トナカイは空気のきれいなところにしか生息しない白いコケを食べる

周辺の見どころ

★ハイキングとイチゴ狩り

フィンランドの美しく雄大な自然を楽しむ一番の方法は、夏〜秋のウルホ・ケッコネン国立公園のハイキング。全長2キロの手軽なコースから、数日がかりの本格的なコースまで、様々なルートが用意されている。ガイドツアーでは、極限の地・北極圏の自然を解説してくれるほか、ベリー狩り、キノコ狩りも。収穫したら、カクシラウッタネンのシェフにお願いして伝統料理を作ってもらおう。
ガイドツアーはカクシラウッタネンで予約できる。3時間で、4名まで1人80ユーロ（約9000円）、5名以上は1人100ユーロ（約11000円）。
電話：+358(0)40 541 0240
http://www.saariselka.fi/

北欧の食文化に欠かせないコケモモは秋に実をつける

★イナリ湖のマス釣り

3300の小島が浮かぶイナリ湖は、ラップランド最大の湖。7種のマスが生息し、絶好の釣り場でもある。ツアーでは、ガイドと釣りを楽しんだあと、「氷の島」と呼ばれる小島で釣ったばかりのマスをバーベキューで堪能。強い北風の吹く日には一匹も釣れないこともあるが、そんなときのためにガイドはおいしい食材を用意してくれている。
カクシラウッタネンから40キロ。予約すればガイドが送迎してくれる。6〜7時間で1人135ユーロ（約15000円）。3名以上のグループは1人110ユーロ（約13000円）。釣り具、昼食込み。釣り初心者も可。
電話：+358(0)16 667 200
http://www.ivaloadventures.fi/

イナリ湖では北極イワナが釣れることも

★砂金採り

1868年にイヴァロ川の川床で金が発見され、19世紀末のラップランドはゴールドラッシュに沸いた。いまもこの地には約50人の砂金師がいて、観光客向けの砂金採り体験が行なわれている。とれた砂金は持ち帰ってよい。
4時間（川岸まで約2kmのハイキングを含む）のコースで、1人69ユーロ（約8000円）。長靴の貸し出しあり。
電話：+358(0)16 668 706　http://www.saariselka.fi/

金属製のパン（皿）を揺すりながらの砂金採り

サーカスワゴン
Les Roulottes
フランス、ローヌ=アルプ

エトワール号

憧れのサーカス団員になった気分で

飾り立てたサーカスワゴンを走らせて、今日はここ、明日はあそこ、と気の向くままに旅して暮らす。だれもが一度は憧れた、そんなサーカス団の暮らしを味わえる場所がある。

フランス南東部、美しい丘陵の広がるボジョレー地方。リンゴの甘い匂いが漂うなかに、3つのサーカスワゴンが佇《たたず》んでいる。今は現役を引退し、ここで骨休みしているが、どれもかつてサーカス団が実際に使っていたものだ。

若いころは旅と冒険を重ねたというオーナーのパスカル&パスカリーヌ・パタン夫妻も、今はこの地で静かな暮らしを営んでいる。瀟洒な館に住み、サーカスワゴンの修復に時間を費やす毎日である。

「どこへも行かない旅さ」と言いながら、パスカルは今日も古びたワゴンを修理する。新しくワゴンを作ることもあり（もちろん昔の姿そのままに）、宿泊客はその作業を自由に見学できる。

リンゴの木とアムール号。奥はマネージュ号

二人は、とくに細部にこだわっている。繊細な彫刻をほどこした造り付けの食器棚、片隅で存在感を発揮する薪ストーブ、手の込んだ深紅の織物、鈍い光沢を放つベルベットのカーテン、その昔ワゴンの住人だったサーカス団員の色褪せた写真……。

室内を彩る装飾品のうち、現代風のものは二人がアジアを旅した際に買い集めた品々で、なかでも「エトワール（星）号」の内装は東洋の神秘に満ちている。ワゴンはどれも、贅沢でノスタルジックな雰囲気に包まれている。

マネージュ号

「エトワール号」の壁を彩る
星のイルミネーション

オーナー：パスカル＆パスカリーヌ・パタン夫妻

「ある土地に飽きたら、荷物をまとめて次の土地へと移動する。そんなサーカス・ワゴンの暮らしが夢だった。フランスでは、移動式ワゴン（ルロット）は郷愁と自由のシンボルなんだ。僕たちはこの土地と家を見つけるや、すぐに移り住み、ワゴンの修復を始めた。たとえ数日の泊りでも、ここにくる人たちが僕らの夢を叶えてくれているよ」

3つのワゴンには、それぞれ特徴がある。1920年製の「アムール（愛）号」は、小さめで凝った造りのあたたかな空間。さながら鳥の巣のようで、小さな寝台が2つ、折りたたみベッドが1つ、華奢な椅子が備わっている。

1950年製の「マネージュ(回転木馬)号」は、広くて田舎風の雰囲気。ベッドルームが別にあり、部屋の隅には古い薪ストーブ、壁にはかつての持ち主だったサーカス団員の写真が掛かる。

いちばん大きな「エトワール号」は1900年製で、有名なブグリヨン・サーカスがかつて所有していたもの。東洋風の贅沢な家具と金の装飾が美しく、部屋には東洋の香りが漂う。

エトワール号の
もう一つの寝室

アムール号

ムール号

古い薪ストーブ

水回りがある別棟に向かう途中でほかの宿泊客に出会ったり、朝露に濡れた芝生を踏みしめて朝食をとりに行ったりと、ワゴンでの滞在は素朴で温かい。パスカリーヌの手作りジャムと焼きたてパンの朝食は絶品で、辺り一帯が幸せな匂いで包まれる。

ここはまるで小さな楽園のようで、すぐそばで馬が草を食み、数えきれないほどの犬とネコが仲良く一緒にじゃれている。隣りの牧場には羊の姿も……。

本館は石造りの田舎風な建物で、贅沢な彫刻をほどこしたインド製のベランダが延びている。中庭には北欧の花々が咲き誇り、その向こうにチベットの祈りの旗が風に揺れ、東洋の神秘とフランスの素朴な味わいが互いを包み込むように調和する。

遠い不思議な国への旅を夢見させてくれる「レ・ルロット」のお宿。動かないワゴンは、旅の出発点でもある。

本館の庭はエキゾチックなたたずまい

マネージュ号。どのワゴンの前
にもテーブルとデッキチェア

レ・ルロット（Les Roulottes）

場所：フランス・ボジョレー地方。住所は「69890 Ouroux」だが、近くに同じ「Ouroux」という地名が2つもあるので、訪ねるときは郵便番号を忘れないこと。ワイン畑に面した静かな一帯にある。

情報：1泊朝食付きで、「アムール号」50ユーロ（約6000円）、「マネージュ号」55ユーロ（約6500円）、「エトワール号」60ユーロ（約7000円）。タオルは持参しよう。
電話：+33 (0)4 7404 7640
http://www.lesroulottes.fr/

周辺の見どころ

★クリュニー修道院

中世の時代に絶大な影響力を誇った歴史ある修道院。レ・ルロットからは、まずサント・セシールという町へ出るのがお勧め。そこからクリュニーへと通じる道は、緑の田園風景がとても美しい。サント・セシールまでは25km（ハイキングコースがある）、さらにクリュニーまで22km。修道院では地元のワイン、ブランデーの試飲ができる（無料だが寄附金を）。修道院から8km先にある超教派のキリスト教共同体「テゼ」を訪れるのも一興だ。
電話：+33 (0)3 8559 0400

★絹職人の秘密の抜け道

リヨンは絹織物の産地。高台のクルワ・ルス地区の裏通りには織物工房が立ち並び、「絹職人の館」では職人技の実演も。絹織物を早く、そして雨に濡らさず商人に届けるため、リヨンの街にはたくさんのトラブール（屋根のついた小路や抜け道）が作られた。網目のように張り巡らされたトラブールは、第二次大戦中、レジスタンスがナチスの手を逃れるのにも利用されたという。迷路のような小道はガイドツアーもあるが、気ままに散策するのも楽しい。
レ・ルロットから65km。「絹職人の館」のガイドツアー（45分）は6ユーロ（約700円）。トラブールのガイドツアー（1.5時間）は9ユーロ（約1000円）。
電話：+33 (0)4 7828 6204
http://www.maisondescanuts.com/

★ブルゴーニュの家庭料理

フランス東部の街ボーヌに暮らす社会学者のアレックス・マイルズは、在住25年のアメリカ人。一流のシェフでもあり、肉入りシチュー、シンプルな野菜料理、クリームたっぷりのデザートなど、フランス家庭料理のレシピを伝授している。レッスンは朝のマーケットでの食材選びから始まり、その後シェフの自宅キッチンで料理する。作りたてのランチを楽しもう。
レ・ルロットから100km。3コースランチのレッスン（英語）は、4～5人で1人180ユーロ（約20000円）、6～14人で1人150ユーロ（約17000円）。
電話：+33 (0)3 8074 0363
http://www.miles-alex.com/

ブルゴーニュ地方伝統の味を召し上がれ！

クリュニー修道院

絹糸とシャトル（縦糸の間に横糸を通す器具）。幅80cmの織物に使われる絹糸は約7,000本。糸が1本でも切れると織物の価値は損なわれる

浮遊カプセル
The Capsule Hotel
オランダ、ハーグ

運河にゆらりと浮かぶ隠れ宿

街角から変な3輪トラックが現れ、がっしりとした作業服の男が降りてきた。「ようこそ」と声をかけてくれたのは、濃いもみあげを伸ばしたデニス・アウデンダイク。ホテル経営者にして、知る人ぞ知る“スクラップ・デザイナー”である。彼の3輪トラックは、その昔ハーグ市の清掃局の持ち物だった。デニスは、人が捨ててしまうガラクタをまったく別なモノに「生まれ変わらせる」ことを仕事にしている。かつての清掃トラックはいま、宿泊客を駅から宿まで送る「送迎車」なのだ。

「見えないものを見るんだ」とデニスは言う。たとえば熱するための装置であるオーブンを、空気を冷やすための換気扇に作り替える。リサイクルではない、こうした“発想の切り替え”を、デニスは「vlnr」という暗号めいた4文字（「左から右へ」というオランダ語の頭文字）で表現する。

使えそうなガラクタを探し、今日も彼は街をうろついている。運良くモノが見つかれば持ち帰り、「収穫マップ」に記録する。デニスは自分のことを「都会の農民」と呼ぶ。

この「カプセル・ホテル」も、彼の作品の一つである。運河にゆらりと浮かぶのは、古いSF映画に出てくるUFOのような2つのカプセル。オレンジ色の古びた球体の向こうにはオランダの現代建築がそびえ、カプセルと近未来的な高層ビルとのギャップがすごい。

カプセルへは、ゆらゆらと揺れる円盤の縁に乗り移り、ハッチを開けて入る。ふと、中に潜り込む油まみれの男たちを連想する。これは海底油田の掘削装置を宿泊装置に「生まれ変わらせた」もの。2000年までこの装置はノルウェー北方のエコフィスク油田で活躍していた。なんと非常時には作業員を28人も収容できるよう設計されているという。

カプセルは直径4.25mで、一人でも広いとはいえない。「できるだけそのままにした」とデニスが言うように、壁にはオランダ語・英語の２カ国語で書かれた「信号弾の使い方」「結び目の作り方」のパネルが掛かる。荒波にもびくともしない頑丈な窓、収納庫を兼ねたシンプルな開閉式ベンチ、部屋着にリメイクされた救助用のブランケット。かつてトイレだった穴は小さな本棚に改造し、ガイドブックや地図を収めている。バスルームどころか水道設備もなく、代わりに水の入った大きなタンクが置かれている。

ベッドは漁業用の網にムートンを敷いたデニスの手づくりで、２人が寝られる大きさがある。ハンモックより安定していて意外に心地良く、200kgの重さに耐えるという。床には赤いバランスボールが転がり、天井からはマグカップやジャグ、プラスチックの地球儀、ミラーボールがぶら下がる。

それなりに調和のとれた室内に、一つだけ意外なものがある。カラオケ装置だ。「近所迷惑を気にせず、思う存分歌えるよ」とデニスは笑う。ジェームス・ボンドの大ファンである彼は、「007」シリーズのテーマ曲を揃えている。そう、この宿は『私を愛したスパイ』の脱出用カプセルをイメージして作られたのだ。「ジェームズ・ボンド・スペシャル」は、デニスが私物のDVDプレーヤーと「007」全シリーズを貸し出すという有り難い（？）プランである。

ここは“くつろぎの空間”ではない。清潔でも豪華でも贅沢でもない。しかし、刺激的で遊び心に満ちている。なによりも、デニスの話を聞くのが面白い。

運河を船が行き交うたびに、カプセルはゆらゆらと揺れる。カモの群れがスイレンをかき分けて進み、鵜が魚を追って水中に消える。絵に描いたような美しさではなく、ここにあるのはもっとリアルで生々しい美だ。昼時には、近くのショップの店員が運河沿いを散歩し、ベンチに腰掛けて休憩をとる。この雑多で都会的な空気の中にあるからこそ、カプセル・ホテルは理想的な隠れ家なのだ。

オーナー：デニス・アウデンダイク

「救命ボートを探していたら、このカプセルを見つけたんだ。運河のガラクタ探しに使えるものがほしかったんだけど、どうしようもなく気に入って、しばらく中で暮らしてみたのさ。ガラクタの可能性を見過ごしちゃいけないよ。じっと耳を澄ませると、向こうからどうしてほしいか語りかけてくるんだ」

カプセル・ホテル（The Capsule Hotel）

場所：オランダ・ハーグ市の運河。場所は定まっていないので、ウェブサイトで確認すること。

情報：寝袋と「非常食の朝食（ジュース、ビスケット、エナジーバー、インスタント・スープ）」付きで1泊70ユーロ（約8000円）。ムートンの敷物・高級寝袋・DVD付きの「ジェームズ・ボンド・スペシャル」は150ユーロ（約17000円）。学割あり。
http://www.vlnr.info/

デニスは宿泊客を自ら出迎えるので、そのときが話を聞くチャンス。自転車のレンタルもあり

非常食セット。カップラーメンもある

周辺の見どころ

オランダはサイクリングコース
がよく整備された自転車王国

★カラオケ・タクシー

モニター付きカラオケ、ミラーボール、レーザー光線を搭載した観光タクシー。500曲以上ものカラオケのほか、テレビも見られる。最初の2kmまで7.50ユーロ（約900円）、その後1kmごとに2.20ユーロ（約300円）。営業は火〜日曜日。

電話：+31 (0)900 829 4866

http://www.karaoketaxi.nl/

カラオケを歌いながら市内観光が楽しめる

★キンデルダイクの風車群

世界遺産に登録されているキンデルダイクは、19基の伝統的な風車がまとまって立つまれなスポット。風車は灌漑設備用として18世紀に建設され、19基のうち18基は個人所有だが、1基が一般に公開されている。周辺は自然保護区で牧歌的な風景が広がり、自転車で散策するのがお勧め。

ハーグから38km、最寄り駅のロンバルダイン駅からは9km。自転車は「カプセル・ホテル」、ハーグ駅、ロンバルダイン駅で借りられる。風車の一般公開は9:30〜17:30、入場料3.50ユーロ（約400円）。

http://www.kinderdijk.nl/

★手づくりのゴーダチーズ

ゴーダ地方のチーズ農家・ヨンヘンフーヴェでは、伝統的なチーズ作りを見学できる。全行程を今も手作業で行ない、5時間をかけて仕込みじっくりと熟成させたチーズは絶品。ハーグからゴーダへの道沿いには牛や羊が草を食む牧場や運河が点在する美しい風景が広がり、自転車で訪れるのも楽しい。ゴーダ市街にある有名なチーズマーケット（6月半ば〜8月、毎週木曜10:00〜13:00）も必見。ゴーダ駅から12km、ハーグからは45km・電車で20分。レンタル自転車は「カプセル・ホテル」やゴーダの駅、観光案内所で。ヨンヘンフーヴェの営業は月〜土曜、見学料2ユーロ（約250円）。いろんなチーズ料理も味わえる。

電話：+31 (0)182 351 229

http://www.jongenhoeve.nl/

熟成を待つゴーダチーズ。1〜2カ月熟成
させた若いチーズも独特のおいしさがある

炭焼夫の小屋
Kolarbyn
スウェーデン、ヴェストマンランド県

原始の自然とのふれあい

森のこびとの国のようである。針葉樹の森がどこまでも続き、遠くに湖の水面が光る。ところどころ岩石が顔を出す地面に、やわらかな木漏れ日が射し込んでいる。木々の間にぽつぽつと点在するのは、思いのままに草木の生えた12個の塚。

よく見ると塚には木の扉があり、小さな煙突が突き出ている。入り口の脇にバケツと炭が置かれているだけで、ほかには何もない。これこそが「コラルビン」だ。12の塚は、昔ながらの炭焼夫小屋である。

小屋の歴史は、人々が木を切り出して燃し、炭づくりを始めた17世紀にさかのぼる。この辺りでも1960年代までは現役だったが、近代化が進むにつれ、だんだんと姿を消していった。伝統を次世代に伝えようと地域の炭焼夫たちが1996年にこれら12の炭焼夫小屋をつくったが、やがてそれも捨て置かれ、荒れ果てた。

そこへ2003年、一人の若者が現れた。主催する「ヘラジカ・サファリ」の客の宿泊場所を探していた若者は、この素朴な炭焼夫の小屋と人里離れた立地をひと目で気に入った。辺りには何もないにもかかわらず——というよりは何もないからこそ——、彼はここにユースホステル「コラルビン」をつくることにした。

オーナー：マルクス・ヨンソン

「ユースホステル協会が視察にやってきたときのことさ。スーツ姿の協会員が、『いいところですね。ところでユースホステルはどこ？』と言ったんだ。あれはおかしかったな。子どもにも安全な照明器具を使うとか、窓には日よけをつけるとか、いろいろ規約があるけど、コラルビンには関係ないよ。電気も窓もないからね」

コラルビンには電気も水道もない。飲み水用の大きなタンクが据え置かれ、窓のない小屋の中では、ロウソクと古めかしいガスランプで明かりをとる。レンジやコンロももちろんなく、朝のコーヒーや食事は焚き火で用意する。森から木を切り出し、みんなで焚き火を囲むひとときは、柔らかな木々の匂いと煙に包まれたふれあいの時間だ。

水洗トイレもないが、経営者のマルクスはロウソクと水桶、ホーローの水差しで、昔懐かしいトイレを小ぎれいに演出している。ゴミはみんなで集めて分別し、燃やせるかぎり燃やす。世界広しといえど、ここまでエコをきわめたユースホステルは他にない。環境に優しいコラルビンは、自然を愛する人のための施設である。

利用者は、サイクリストや子どものいる家族連れが多い。到着したら、子どもたちはまず経営者のマルクスと一緒に泉へ水を汲みに行く。「泉の水をひと口飲むと、何だって願いが叶うよ」—— 泉まで歩きながら、マルクスは子どもたちにこんなお話を聞かせる。「だけど、そのためには静かに水を汲み、ひとことも喋らず、そっと運ばなくちゃいけないんだ」。

小屋番号2「マルガリータ」

炭焼きの光景

水汲みを終えた子どもたちは、生き生きと森を走り回って遊ぶ。湖で泳いだり、森の果物を摘んで食べたり、楽しみは尽きない。

マルクスは年に２回、近隣の住民を集めて炭焼きをおこなっている。伝統を守るためでもあるこの行事を仕切るのは、地元の炭焼夫だ。丸太を1.5mの高さに積み上げ、酸素を遮断するために全体を小枝できれいに覆う。火をつけたあとは、昼夜を問わず２時間おきに燃え具合をチェック。こうして10日間をかけじっくりと燻《いぶ》すと、木炭ができあがる。木炭は炭焼きに参加した住民に配り、残りは売ってコラルビンの運営資金にあてている。

コラルビンに泊まってみたい人は、ちょっとした準備をしたほうがいい。たとえば、マルクスはお気に召さないかもしれないが、小さな懐中電灯があれば便利だ。寝台は堅く、木材に薄いキャンピングマットが敷かれているだけなので、心配な人は敷物を用意しよう。夏は虫除け対策を忘れないこと。

マルクスが受付小屋で応対

コラルビン（Kolarbyn）

場所：スウェーデン・ヴェストマンランド県。シンスカッテベリ市の小さな集落から3km、湖のほとりの森の中にある。

情報：暖炉、寝台付き。湖に宿泊客専用のサウナがあり、自分で火を焚いて自由に使える。1泊につき1人250クローネ（約3500円）。国際ユースホステル会員は50クローネ（約700円）の割引がある。朝食65クローネ（約900円）、寝袋のレンタル50クローネ（約700円）。営業は4月～10月。
電話：+46(0)70 400 7053
http://www.kolarbyn.se/

周辺の見どころ

ガイドのイングマルが釣りの手ほどきを

★湖での釣り

「コラルビン」の裏手に広がる湖は、カワカマスなど魚の宝庫。ガイドと一緒に、初心者でものんびりと釣りが楽しめる。熟練者はシンスカッテベリ市でライセンス（近隣のすべての湖での釣り許可証）を購入してもよい。釣った魚は、マルクスと一緒に調理して夕食に。
ガイド付き、用具込みで1人800クローネ（約10000円）、半日コースは500クローネ（約7000円）。ライセンスは80クローネ（約1000円）。ガイドは「コラルビン」で予約。

森の王ヘラジカ。警戒心が強くすぐに姿を隠す

★ヘラジカ・サファリ

マルクスが主催する「北欧の森の王」を探して森を行くガイドツアー。足跡やエサを食べた痕跡をたどり、必ずヘラジカに出会うことができる。黄昏の森の中でエサを食むその姿は、神々しいまでに美しい。呼び寄せるために時おり披露されるマルクスのヘラジカの鳴き真似は、立派な職人技。
1グループ8名まで、1人995クローネ（約13000円）。コラルビンでの宿泊＋夕食＋朝食付きのパックは1人1795クローネ（約23000円）。

★オオカミ・ツアー

コラルビンからほど近いところに、いまでは貴重となった野生オオカミの生息地がある。ツアーは野生動物調査センターでのレクチャーから始まり、オオカミにつけたGPS装置のデータを分析して行動パターンを探ったあと、森の中へ。遭遇はまれだが、オオカミの痕跡を見つけ、遠吠えを耳にするなど貴重な体験ができる。
「コラルビン」から約40km。センターへの送迎＋コラルビンでの宿泊＋夕食＋朝食付きのパックは1人1995クローネ（約26000円）。
http://vilt.ekol.slu.se/

いまスウェーデンでは野生オオカミは約100頭しか生息していない

古代穴ぐらホテル

Yunak Evleri

トルコ、カッパドキア

石器時代の豪華ホテル

溶岩、水、風が造りあげた自然の驚異―― ユネスコ世界遺産「カッパドキア」の観光拠点・ユルギュップに降り立つと、目の前に奇跡のような岩石の芸術が広がった。月面世界を思わせる柱状の岩が設計されたように立ち並び、斜面はさざ波のような襞を呈してうねる。世界に二つとない、幻想的な景観だ。

しかし、ここには人間の手も少しだけ加えられている。「妖精の煙突」と呼ばれる柱状の岩壁の多くに、洞窟のような穴が空いているのだ。どうやって？ と思うくらい高いところにも開けられたこれらの穴は、人間の住居である。手と簡単な道具だけを使い、その昔カッパドキア人は柔らかな火山岩を掘りつづけ、迷路のようなトンネルを造りあげた。

洞窟は気の遠くなるような時間と労力をかけて造られた。いたるところに当時のノミの跡が残っている

支配人：アブドラ・イナル

「こんなにたくさん洞窟があるからね、カッパドキアには新築の家なんてない。洞窟に一歩足を踏み入れると、2000年前の世界に逆戻りした気分になるよ。ゲストを『ようこそ』と迎えるとき、僕は『人類の文明にようこそ』と言ってるつもりなんだ」

カッパドキアに人が住み着いたのは、約7000年前の新石器時代といわれている。住みかとして洞窟が掘られたのは約4000年前。その後の歴史は複雑で、ヒッタイト人、フリギア人、ペルシア人、ローマ人、ビザンチン人、セルジューク人など、さまざまな民族がこの地を自分の領土と主張し、争いが起きた。

この地には、十字架によるイエスの処刑後、パウロによってキリスト教が伝えられた。３世紀になるとキリスト教の共同体が作られ、修道士たちは洞窟の奥の教会や修道院、そして秘密の礼拝場で祈りを捧げた。アラブ勢力の脅威から逃れるため岩を掘り、文字どおり地下に潜ったのだ。長い年月を経て色褪せてはいるが、美しいフレスコ画など当時の遺物は今も残されている。

この奇跡の大地を訪れたなら、洞窟に泊まらない手はない。「ユナック・エブレリ」は、人類の歴史と文明を肌で感じる格好のホテルだ（私には似つかわしくない言葉だけれど）。

丸石を敷き詰めた道をたどって入る。部屋は地中に隠すように配され、上階の部屋には外付けの狭い階段か、曲がりくねった洞窟をたどって行く。

洞穴にも岩の形にも歴史が刻み込まれ、数千年前の古代文明が息づいている。4～5世紀に教会として使われていた部屋もあり、岩肌には当時描かれた小さな赤い十字架がかすかに残っている。ユナック・エブレリは全27室で、地元の人々が所有していた洞窟を買い上げてつくられた。それらの洞窟は、かつて貯蔵庫や住居、またハト小屋として使われていたという。ハトを飼育していたのは、貴重な肥料となる糞をとるためで、たしかに無数のハトの巣穴が残されている。

壁や床を清掃し、天井のストーブの煤《すす》を削り取り、丹念に磨きあげられた洞窟はホテルに生まれ変わった。趣味の良いトルコ絨毯、鉄製の寝台、アンティーク家具が置かれ、小さな窓には分厚いカーテンが掛かる。洞窟内は外の気温が氷点下になる真冬でもほんのりと温かく、反対に30度を超える夏はひんやりと涼しい。

大理石のバスルームはジャグジーが完備され、アンティークの棚にはステレオ、テレビ、DVDプレーヤーがセットされている。数千年の歴史を刻み付けた外観とは裏腹に、ユナック・エブレリでは快適な現代生活を満喫できる。

ユナック・エブレリ（Yunak Evleri）

場所：トルコ、ユルギュップの郊外。カイセリ空港から75km、アンカラから275km。

情報：全27室。1泊朝食付きで、280～400トルコリラ（約15000～21000円）。43トルコリラ（約2300円）追加で夕食が付く。インターネット・アクセス無料。
電話：+90(0)384 341 6920
http://www.yunak.com/

昔からの湧水を使った水道

周辺の見どころ

★奇岩の谷をハイキング

ユルギュップから車で30分の高台に、夕日の絶景ポイントがある。ハイキングコースはローズバレーを行くルートがお勧め。洞窟の教会から、チャウシン村（今は廃村だが、1960年代まで洞窟住居では電気も水道もない生活が営まれていた）を抜けて、「キノコ岩」の奇岩で有名なパシャバー地区・モンクの谷へ。アプリコットが紅葉する秋が美しい。ユナック・エブレリでも車で送迎。100トルコリラ（約5200円）前後。ハイシーズンには、夕日ポイントで3トルコリラ（約200円）が必要。

パシャバー地区「モンクの谷」の奇岩

★カイマクルの地下都市

カッパドキアにある約200の地下都市のうち36が公開。有名なカイマクルの地下都市は、地下100m、広さ3.5キロ平方に及び、5000人以上の人が暮らしていた。7世紀にはビザンチン人が、13世紀にはモンゴルの脅威にさらされたトルコ人とギリシャ人が隠れ住んだ。中はまさに迷宮のようで、住居、祈りの場のほか、厩、貯蔵室、トイレ、洗面所、ワイン庫まであり、敵に包囲されても2、3カ月は暮らせた。要所に置かれた丸い巨岩を転がして通路をふさぎ、敵の侵入を防いだ。その岩は外側からは動かせない仕掛けだった。ユルギュップから35km。8:30～19:00まで、見学料15トルコリラ（約800円）。

地下都市の最古の部分は4000年前に造られた。迷って戻れなくなる危険があるので、地下35mから上の5層だけが公開されている

★熱気球から見下ろす奇岩群

夜明けとともに空へ舞い上がり、朝日に染まるカッパドキアを見下ろす気球ツアー。轟音とともに離陸した熱気球は上空1300mまで上り、そこからゆっくりと奇岩をめぐる。腕のいいパイロットは上下左右に気球を操り、「妖精の煙突」と呼ばれる奇岩群をかすめて見物させてくれる。
1時間半コースは1人465トルコリラ（約25000円）。
1時間コースは315トルコリラ（約17000円）。
予約すると早朝ホテルまで迎えにきてくれる。
電話：+90(0)384 341 5662
http://www.goremeballoons.com/

観光客に人気の気球ツアー

パイナップルの宿
The Pineapple
スコットランド、スターリングシャー

パイナップルの左右に延びる棟は、かつては庭師たちの住居だった

ユーモアあふれる石の芸術

重厚な鉄の門扉を開けるとまっすぐな道がのび、その先に緑の草原が広がっている。左右対称に配置された木々と、手入れの行き届いた芝生。“石の芸術”はこの美しい庭園の中央にそびえる。濃い緑の森に囲まれ、長い年月を耐えて古びた高壁に守られて、巨大な石のパイナップルが鎮座しているのだ。

どこから見ても本物そっくりの精巧な造りは、お見事のひとこと。圧倒される存在感にはやり過ぎの感も漂うが、そこはかとないユーモアが嫌味を打ち消している。上流階級だけに許された、贅沢な道楽としての建築である。

この建物は、1776年に帰国したバージニア植民地（現在のアメリカ）総督、ダンモア伯ジョン・マレー4世によって造られた。当時のイギリスではパイナップルは珍しく、地位の象徴とされていた。マレー卿は大きな温室を作ってパイナップルを育て、北国のスコットランドにありながら、月に2度、友人たちに穫れたての貴重な果物を贈ったという。

温暖なバージニアでは、パイナップルは日常的に食べられていた。また水兵たちが任務から帰ると、家の入口にパイナップルを置いて帰還を祝う習わしがあったという。マレー卿は、この慣習を気に入っていたのだろう。故郷に戻った彼は、生のパイナップルではなく、高さ50mの巨大な石のパイナップルで客をもてなした。

ラウンジでお茶を飲めば貴族気分

1973年から建物はランドマーク・トラスト（建造物保存を目的とする慈善団体）が管理し、現在は貸別荘として利用されている。裏側のドアから入ると、パイナップルの左右に延びる棟の片側にダブル、ツインの寝室が１室ずつ、もう片側にはキッチンと広いリビングがある。部屋の家具はすべてアンティークで、リビングの暖炉脇には薪が積み上げられ、壁には狩猟風景を描いた数々の古い版画が掛かる。テレビやラジオ、電話はない。ここは、日常を忘れて時を過ごすための場所なのだ。

中央のパイナップルの塔は、かつての華やかな上流階級の暮しを伝えるラウンジになっている。窓の外には、のどかな光景が広がっている。デッキチェア、枝編みの椅子、テーブルが置かれ、お茶をしながら庭園を眺めてゆったりと過ごすのに最適な場所だ。

設計者は不明だが、実はこの建物は、奇抜なだけでなく細部まで洗練されている。

たとえばラウンジの扉とゴシック風の窓ガラスは、パイナップルの丸みを出すためにやわらかな曲線を帯びている。

暖炉の上にはパイナップル型の燭台が置かれ、猟犬を描いた絵が飾られている

また外壁のパイナップルの皮の突起部は、雨がしたたり落ちず壁を伝うようにデザインされている。屋根から突き出た4本の煙突は、装飾的な壷をかたどり調和のとれた外観を呈している。

足を止め、パイナップルを眺めてはランドマーク・トラストの看板に見入る旅行者。芝生のベンチに腰かけ、のんびりとパイナップルを見上げる老夫婦。ウサギが庭を横切り、馬に乗った二人連れがゆっくりと森の中へと消えていく。周囲は素朴な自然にあふれ、シカやイノシシが姿を現すこともある。

辺りは静かで、まるでここだけ時が止まったかのよう。そういえば、寝室の壁に掛かる黄ばんだ古い写真には、キルトに身を包み誇らしげにカメラを見つめる3人の少年が写っていた。その昔、彼らは芝生を走り回って遊び、使用人に午後のお茶の用意を大きな声で命じたのだろう。250年前、マレー卿はここでグラスを傾け、客人をもてなしたのだろうか。せわしない現代の都会生活を忘れ、ひと昔前にタイムスリップさせてくれる特別な別荘である。

パイナップル（The Pineapple）

場所：スコットランド、スターリングの南東11km。案内板がないのでパイナップルの屋根を目標に。

情報：ダブルルーム、ツインルームが１室ずつ。２泊、３泊、１週間のいずれかの単位で貸し出している。料金は季節によって異なり、３泊で314～925ポンド（約42000～124000円）。
電話：+44(0)1628 825 925
http://www.landmarktrust.org.uk/

周辺の見どころ

「カメラ・オブスクラと幻想の世界」。150年以上前から観光客の人気を集める

★カメラ・オブスクラと幻想の世界

エジンバラ旧市街にある光学装置の科学館。眼下の道を行く人々のライブ映像を大スクリーンに映し出すカメラ・オブスクラ、巨大万華鏡、市街のライブ映像のホログラムなど、大人も子どもも楽しめる。屋上の小塔には望遠鏡が設置され、ユネスコ世界遺産に登録された美しい街並が一望できる。パイナップルから48km、入場料8.5ポンド（約1200円）。
電話：+44(0)131 226 3709
http://www.camera-obscura.co.uk/

★フォルカークのカレンダー・ハウス

18世紀の上流階級の館を再現した建物。館内はどこも瀟洒に飾られ、マレー卿の時代の優雅な暮らしを堪能できる。ろうそくが灯るキッチンでは、18世紀の衣装を着たスタッフが暖炉の火で当時の食事を再現。古い写真や地図、書籍を所蔵する図書館を併設（要予約）。「パイナップル」から10km、入場無料。
電話：+44(0)1324 503 770
http://www.falkirk.gov.uk/services/community/cultural_services/museums/museum_venues/callendar_house.aspx

★バグパイプに挑戦

グラスゴーの「カレッジ・オブ・パイピング」では、スコットランドの伝統楽器バグパイプの体験レッスンができる。練習用のパイプから始めるので初心者でも大丈夫。料金は1時間14ポンド（約2000円）のレッスン料と、用具代36ポンド（約5000円）。パイナップルから40km。
電話：+44(0)141 334 3587
http://www.college-of-piping.co.uk/

18世紀の料理を召し上がれ

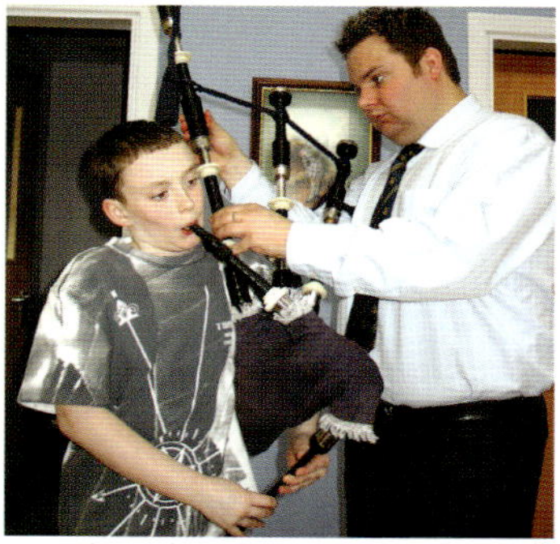
バグパイプはスコットランドの伝統楽器

INCREDIBLE HOTELS

アメリカ、アフリカ、
オセアニア他

AMERICA AFRICA OCEANIA etc.

犬ホテル“ウィリーくん”
Dog Bark Park Inn
アメリカ・アイダホ州

道ばたに佇《たたず》む愉快なホテル

アイダホ州の草原を、大きな犬の親子が散歩している？目にとめたドライバーは速度を落とし、好奇心に駆られて近づき……微笑を浮かべる。これはれっきとしたホテルなのだ。

犬を飼っている人は、一人残らず自分の愛犬にメロメロだ。思いっきり甘やかし、かと思えば神さまのように崇《あが》め、なかには髪飾りをつける人も。では、犬の体の中で一夜を過ごす人は……？

小さな町コットンウッドのとある交差点に、じっと佇《たたず》む巨大な犬――遠くからでも目に飛び込んでくるこの犬は、身動きひとつせず、ときおり耳がはためくだけ。高さ10m、幅5mの世界一でかいビーグル犬、“ウィリーくん”だ。今夜の私のベッドは、ウィリーくんのお腹の中なのである。

近づいて見上げると、ウィリーくんの顎《あご》の下の看板には、ちゃんと「僕、ホテルです」と書いてある。

お腹はダイニングルーム、しっぽはバスルーム、目は窓。それがウィリーくんだ。

身長10mのウィリーくんの隣には、身長４ｍの小さな兄“トビー”がいる。庭には、ピクニック・テーブルでハンバーガーにかじりつく人の姿も……？　いや、この人たち、実は人形である。ウィリーくんの飼い主であるフランシスとデニスが作ったユニークな彫刻なのだ。

二人の作品は、この野外ギャラリーの脇のお店にも陳列されている。ずらり並んだ木製の犬たちは、ビーグルをはじめ、フォックステリア、プードル、ジャーマンシェパード、ダックスフント、ゴールデンレトリーバー……。おや、ゴールデンだけしっぽを振っているぞ。ここで唯一の“本物の犬”、ウォルターだ。この工房で毎日、フランシスとデニスは彫刻の製作に励む。二人が夢中なこと、それは「電ノコアート」だ。

“本物の犬”ウォルターはどれだ？

工務店を経営していたデニスは、あるとき「人生をもっと楽しもう」と思い立ち、独学でチェーンソーの手習いを始めた。ドッグショーでフランシスを見初め、「僕のリードを握ってくれ」と説き伏せたのは1980年代の半ばのこと。それまで秘書の仕事をしていたフランシスは、彼の電ノコアートをひと目で気に入った。「指をどこに置くか、それだけ気をつければいいのね」——以来、この愛すべき快活なカップルは、一緒に木彫作品を作りつづけている。愛してやまないワンちゃんを永遠の姿にとどめたい愛犬家のために、二人は注文に応じて本物そっくりの犬を作ることもある。ウィリーくんと同じ、金色の名札と赤い首輪付きだ。

電ノコアーティストとして活動していた二人は、あるとき看板代わりに作ったトビーが予想外の宣伝効果を発揮することに驚いた。道沿いに置いたところ、行き交うドライバーたちの視線を集めたのだ。

そこで二人はレストランで夕食をとりながら作戦会議を開いた。

「もっと目立つものを作るかな？」

「そうね、だれも見たことのないような大きな犬を作りましょうよ」

「おい、その中で眠ることができるってのはどうだい？」

デニスは店の紙ナプキンに“ウィリーくん”のスケッチを描き、こうして計画は始まった。ウィリーくんは兄トビーの傍《かたわ》らですくすくと成長し、4年後の2003年、初めての宿泊客を迎えた。以来、デニスとフランシスの生活は一変した。二人は、宿泊客（犬連れであろうとなかろうと）とのふれあいを心から楽しみ、この新しい仕事を人生最大の喜びと受けとめている。

オーナー：フランシス＆デニス

「隠居なんて考えたこともないよ。お客さんはウィリーのドアを開けると驚きの声をあげ、にっこりする。それが僕らの若さの秘訣かな。行き過ぎるドライバーや宿泊客がウィリーを見てふっと笑顔になる、それが何よりうれしいのさ」

ウィリーくんの耳は絨毯《じゅうたん》製で、その長さは4mもある。お腹に伸びる階段を上ると入口があり、体内にはダブルベッドと小さなキッチン、そして外が見渡せるダイニングルーム。心地よい家具が備わり、ベッドサイドには犬用のマット、犬型ビスケットが用意されるなど気配りも細やか。ワンちゃん版のモノポリー「ドゴポリー」まである。

しっぽのほうにはバスルーム、鼻先にはこぢんまりとした快適空間もある。子どもたちはここで布団にくるまったり、ウィリーくんの目（窓）から大平原を眺めたり、走り過ぎるトラックを数えたり……。

ウィリーくんを訪ねたその夜、ベッドヘッドに鎮座する浮き彫りの犬たちに１匹ずつ名前をつけて遊んでいたら、ふと奇妙な音が聞こえた。何かをひっかくような、こするような音が室内（体内？）に響く。もしかして泥棒？　ネズミ？　でも、怖くはなかった。山奥の一軒家じゃあるまいし、ここは道路沿いだし人の往来もある。バルコニーへ出てみると、音の正体がわかった。絨毯の耳が風にはためき、ウィリーくんの木のボディを打ち鳴らしていたのだ。私はほっとしてベッドに戻った。そして、世界一巨大なビーグル犬の体内で一夜を過ごす喜びをかみしめながら眠りについた。

犬の体内で眠る……犬好きにとっては至福の時

小さな兄トビーでも身長4m

ドッグ・バーク・パーク・イン（Dog Bark Park Inn）

場所：アメリカ・アイダホ州。静かな町コットンウッドの入り口の交差点に建つ。

情報：ダブルルーム×１室。子ども用ロフト（鼻先）は２名まで。電話、テレビはない。犬同伴、もちろん可。１泊92ドル（約8000円）、追加１名ごとに8ドル（約700円）。フランシスお手製のマフィン、地元で穫れたフルーツ・グラノーラのすてきな朝食付き。ウィリーくんは寒くなると冬眠するので、営業は４～10月のみ。
電話：+1 208 962 3647
http://www.dogbarkparkinn.com/

周辺の見どころ

★アパルーサに乗ろう

コットンウッド一帯には、古くからネイティブ・アメリカンのネズ・パース族が暮らしてきた。彼らが生みだした斑点模様の美しい馬はアパルーサ種と呼ばれ、アイダホ州の馬に指定されている。スウィートウォーター・アパルーサ乗馬園では、このアパルーサの乗馬を体験できる。辺りには熊もすむという厳しく美しい自然が広がり、ネイティブ・アメリカンのガイドと一緒に散策もできる。
コットンウッドから65km。乗馬は2時間コース（2名）が50ドル（約4200円）、1日コース（5名程度）が100ドル（約8300円）。ネイティブ・アメリカンのガイドは70ドル（約6000円）。
電話：+1 208 843 2452
http://www.nezperceappaloosas.com/

アパルーサはちゃんと調教され、どの馬もフレンドリー

★オオカミに会おう

この辺りは、かつてハイイロオオカミの生息地だった。野生種は1930年に人間の手によって絶滅したが、ネズ・パース族特別保留地のオオカミ学習・調査センターでは、個人のペットやハリウッドの映画会社がブリードしたものなど10頭あまりが暮らしている。遊びたわむれる彼らの姿を見たいなら、夕暮れ時がねらい目。
コットンウッドから40km。6～9月上旬は毎日開館、5・9月は週末のみ開館、その他の期間は応相談。2時間のガイドツアー（15名まで）は、一人10ドル（約900円）。
電話：+1 888 422 1110（内線3）
http://www.wolfcenter.org/

ガイドがオオカミのすべてを教えてくれる

★十字架の道

約60人の修道尼が暮らす聖ガートルード修道院。歴史博物館を併設し、昼食をふるまうなど旅行者も温かく迎えてくれる。修道院の裏手には「十字架の道」と呼ばれる瞑想と祈りの小道があり、300mほど上るとグロット（洞窟）と墓地に出る。運がよければ、修道尼が案内をかってでてくれることも。「ウィリーくん」から車で10分。
電話：+1 208 962 3224
http://www.stgertrudes.org/

道沿いにキリストの受難を解説するあずま屋が建つ

貝殻ホテル

Casa Caracol

メキシコ・ムヘーレス島

海辺で素朴なひとときを

白い砂と青い海に囲まれたムヘーレス島は、メキシコの観光都市カンクンから14kmの沖合に浮かぶ。島の北側はフェリーが発着し、観光客とみやげ物屋であふれるにぎやかなエリア。南側には、一転して静かな一帯が広がる。ゴルフカートに乗った観光客が足を止め、カメラを向ける有名な“貝殻ホテル”は、その静かな一画にある。

海沿いに建つのは、まぶしいほどに真っ白な2棟の建物。その名のとおり貝殻型で、高くそびえる巻貝と、丸みを帯びた小さな貝だ。砂浜に貝殻がひしめくこの島にぴったりな、傑作アートである。

オクタビオの絵が飾られたリビング

1990年代、建築家のエドゥアルド・オカンポは、妻ラケルと自分のためにこの島に小さな家を建てた。やがて彼は、庭に弟オクタビオのための別荘を造ることにした。ありきたりな家ではなく、著名な画家オクタビオの創作意欲を刺激するような別荘を、である。

エドゥアルドは砂浜を散歩しながら考えた。そしてふと大きな巻貝を手にとり、ひらめいた。これをそのまま建物にしよう。外壁には突起があり、内部は丸くやわらかに。巻貝のように螺旋階段をつけ、貝の口にあたるところに玄関をつくる。窓は、古い貝殻にあいた穴のように配置しよう……。

まさにオクタビオにふさわしい建物だった。オクタビオはメタモルフィックな画風で知られ、トリックアートにも近い複雑な絵を描いている。

兄の期待どおり、オクタビオはこの新しい家をとても気に入った。どのくらい気に入ったかというと、隣に友人たちの泊まれる（オクタビオはいつも島に友人を連れてきた）別棟をリクエストしたくらいである。求めに応じた兄は、今度は丸い貝殻をモチーフにした。巻貝と、丸い貝。設計にあたり、エドゥアルドは２棟のモデルとなった２つの貝殻を板切れに並べ接着剤でとめた。このミニチュアモデルは、いまも“巻貝ハウス”のリビングルームに飾られている。

母なる自然にヒントを得た傑作アート

売れっ子画家オクタビオは島を訪れることもままならず、やがて別荘は貸し出され、“貝殻ホテル”が誕生した

外観だけでなく、兄弟で手がけたという内装もユニークである。内壁は、貝殻と同じ白。装飾は派手に贅を尽くすのではなく、個性的な工夫が凝らされている。蛇口代わりにあしらった本物の貝殻に、やはり大きな貝殻を使った洗面ボウル。リビングには小振りなヤシの木が育ち、バルコニーには手すり代わりの色褪せた古い木材があしらわれている。部屋のあちこちを彩る大小さまざまな貝殻も、優美なサンゴのオブジェも、すべてエドゥアルドが近くの砂浜で見つけた自然の装飾品だ。壁には、海をモチーフにしたオクタビオの作品が飾られている。

カリブ海に浮かぶこの島は、湿り気と潮気を帯びた熱気に包まれている。むせ返るような熱気のなかで、バルコニーからの色鮮やかな眺めは、ひとときの清涼剤。空を見上げると、くっきりと真っ白な貝殻の屋根、そして真っ青な空。その空高くをめざして灰色ペリカンが悠々と舞い上がり、グンカンドリがゆらりと宙を舞う。見下ろすと、真下にはスイミングプールの濃青の水面がきらきらと輝き、その向こうにエメラルドグリーンの海が広がる。白く輝く砂浜は、色褪せた貝殻に埋め尽くされている——縦長の巻貝も、丸くて小さな貝も、きっと見つかることだろう。

オーナー：エドゥアルドと妻ラケル

「弟のために、ユニークな別荘を建てたかった。自然がヒントをくれたんです。砂浜で見つかる自然の素材をできるかぎり使い、素朴で温かい家をめざしました。もともと自然の素材を取り入れてきましたが、ここまで思う存分できて満足ですね」

カーサ・カラコル（Casa Caracol）

場所：メキシコ・ムヘーレス島の南端。カンクンからフェリーで30分。海を間近に臨むが、最寄りの砂浜までは１キロ。

情報：巻貝ハウスはベッドルーム（ダブル）、キッチン、リビング、バスルーム×２、エアコン完備。バルコニーが危険なので幼児連れでの利用は不可。丸貝ハウスはベッドルーム（ダブル）、バスルーム。１週間貸し切りで20000～26000ペソ（約140000円～180000円）。
電話：+1 773 640 4906
http://www.mayaneyes.com/caracol.html

海を望む2階バルコニーの部屋にもオクタビオの絵

★海を楽しもう

ムヘーレス島を訪れたら、ぜひともシュノーケリングを！お勧めは貝殻ホテルからゴルフカートで5分、ガラフォンというホテルのビーチだ。魚たちは人によく慣れていて、海に潜ると雲のような魚の大群に囲まれる。海面の杭にふわふわ舞い降りるユーモラスなペリカンの姿も楽しめる。

★野鳥の楽園コントイ島

ムヘーレス島から船で45分。コントイ島は自然保護区の小さな無人島で、150種もの野鳥が往来する。運がよければ、保護水域で子育てをするワニや、ドッグフィッシュと呼ばれる小型のサメが見られ、"生きた化石" カブトガニにも出会える。ガイドツアーのほか、解説ボードをたどって島をめぐるセルフツアーもある。島への上陸許可は漁業組合と限られたツアー会社だけに与えられている。お弁当、砂浜での水遊び付きツアーは920ペソ（約6500円）。
電話：+52 998 877 1363
http://www.islacontoy.org/

コントイ島の船着き場

★神秘が広がる天然の泉

メキシコ本土の観光地カンクンの南岸には、「セノーテ」と呼ばれる天然の泉が点在する。浅いものでも水深約15m。地下水脈につながる澄み切った水、美しい鍾乳石の世界は、ダイバーたちを魅了する。水中聖堂のような神秘的な空間に、化石や、はるか昔いけにえとされた人間の骨が見つかることも。マヤ時代には宗教儀礼の場、貴重な真水の供給源として重宝され、セノーテにまつわる多くの神話が生まれた。
美しい水中光線、植物の生態、コウモリの洞窟、硫黄の結晶など、セノーテには見どころがいっぱい。泳ぎを楽しむならタンカ、子どもと一緒ならアスール、鍾乳石の美しさならドス・オホス、化石を探すならタージ・マハル、水生植物ならポンデロサ、神秘的な水中光線を見るならチャック・モール、がお勧め。
ダイビングはガイド同行が必須。より深い地下の洞窟世界を楽しむにはオープンウォーター・ダイビングのライセンスが必要。さらに陽光も差し込まない深みの探索にはケイブ・ダイビングのライセンスがいる。2名で1,100ペソ（約7500円）など各種ダイビング・ツアーがある。
電話：+52 998 877 0307（観光案内所）

天然の泉「セノーテ」の水中で幻想的な光のショーを

★マヤ遺跡・トゥルム

メキシコで人気を誇る観光名所のひとつ。高さ12mの崖上にそびえ立つ古代遺跡と真っ青な海、白く輝く砂浜は、古代の神秘と楽園が一つになったような珍しい光景だ。トゥルムは1250～1500年ごろに隆盛した都市で、厚さ6mの壁に囲まれた遺跡内の神殿は、マヤ文明の宗教的中心地と見られている。入口付近にいるガイドに案内を頼むと、マヤ文明にまつわるさまざまな知識を解説してくれる。
カンクンから130km。入場料48ペソ（約300円）、夜20時～22時のナイトツアーは290ペソ（約2000円）。ガイドは400ペソ（約3000円）前後。

カリブ海に臨むマヤ遺跡・トゥルム

UFOホテル

Integratron

アメリカ・モハーヴェ砂漠

夢見る人々の非日常世界

カリフォルニア南部、モハーヴェ砂漠。ただただ広く、何もないこの砂漠をめざし、パームスプリングス市から車を走らせた。ジョシュア・ツリーが立ち並び、ふしくれだった巨大な枝々が雲一つない空に伸びている。ほかにあるものと言えば、石ころと静けさ、そしてうだるような熱気。しばらく走ると、なだらかな起伏に点在する家々が見えてきた。店が1軒あるだけの小さな町、ランダーズだ。

町を抜けると、まっすぐに延びる道の向こうにそれが見えた。白く輝くドームである。「砂漠に降りたUFO」とあたりでは呼ばれている。

青い空に白くそびえるUFOは、周囲にぐるりと窓をとりつけたドーム型の建物だ。高さ13m、その名は「調和装置」。土星のような輪っかがあり、丸天井にそって頂上までハシゴが伸びている。いったい誰が、何のために作ったのか……。

「この奇妙なデザインには不思議ないわれがあるの」と、2000年にこの建物を買い取った3姉妹の一人、ジョアン・カールは言う。ゆったりとした上着にサングラス、頭にはカウボーイ・ハット。ユニークな50代の女性だ。

ジョアンによると、1950年代の初め、この付近では毎日のようにUFOが目撃された。当時、飛行機のエンジニアでUFO研究家のジョージ・ヴァン・タッセルは、金星からきた宇宙人から細胞を若返らせるタイムマシンの作り方を教わったという。教えに従い、家族の助けを借りて造ったのがこの「調和装置」だ。

ヴァン・タッセルの設計は、科学的かつ神秘的だった。ジョルジュ・ラコフスキー(1869～1942)の細胞研究や、ニコラ・テスラ(1856～1943)の電磁エネルギーと無線送電の研究には、タッセルの影響がみられるという。タッセルの目的は、人間の細胞をバッテリーのように「充電」することだった。突拍子もない話に聞こえるが、中国に伝わる気功や、宇宙空間における電離放射線の人体への影響を調べる最新の研究には通じるものがある。タッセルはその後の人生を「調和装置」の完成に捧げたが、1978年、志なかばにしてこの世を去った（謎の死を遂げたという説もある）。

残念なことに、現在ではこの装置の正体はだれにもわからない。ただ、回転式の外側の輪っかは、巨大電圧を生成するための発電機だったらしい。計画では出力5,000万ボルトだったそうで、この一帯に電力を供給する発電所の出力が22万～70万ボルトというから、とんでもない規模である。

オーナー3姉妹：パティ、ジョアン、ナンシー

「“調和装置”は、非日常を体験する場所です。不思議なことがたくさん起きるんです。ここは砂漠の真ん中ですが、“調和装置”の真下では3つの地下水脈が交わっています。この場所、そしてこの建物が言葉では説明できない現象を喚び起こし、訪れる人に力を授けてくれる。ここは芸術、科学、奇跡が融合するところなんです」

2階は瞑想と眠りの間

建物の中も、外観に劣らずユニークだ。1階はホールのような空間、中央の太い柱に支えられた天井には、ワイヤーが蜘蛛の巣状に張られている。計画倒れに終わった巨大な不老不死の秘密装置は謎だらけである。

建物の2階は、ジョアンが作った心と身体のための癒しとアンチ・エイジングの空間になっている。木製のドーム天井に、床にはヨガマットと、カラフルなナバホ族のブランケット……。ドーム天井が生む音響効果から、ジョアンはここを「音の間」と名づけた。たしかに、マットに寝転び、目を閉じて彼女が演奏する民族楽器の神秘的な音色に耳を傾けると、身体の隅々まで音がしみ込んでくる。その音は「神経の栄養剤」であり、音の力は心身を癒し若返らせてくれるという。

「音の間」は、心の世界への入り口でもある。来訪者たちがテーブルに置いていったさまざまな「聖品」――鳥の羽や小石、キリスト、マリア、天使の像、チベットの祈りの旗、ダライ・ラマの肖像など、ニューエイジも信仰もごちゃまぜだが、ここが「別世界との交信」にうってつけの場所であることは納得がいく。ドーム型の天井は、さながら魂の声を拾集する巨大な拡声器だ。夜になると、訪問客はヨガマットと寝袋で思い思いの場所に寝床をつくるが、みな自然とドームの天頂の真下に寄り集まる。「おやすみ」とだれかが耳元でささやく不思議な声に思わずびくりとし、あらためてその音響効果を思った。ドームの天窓から、星のまたたきが見えた。

1階中央の太い柱が2階の瞑想の場を支えている

インテグラトロン（Integratron）

場所：アメリカ、モハーヴェ砂漠。カリフォルニア州パームスプリングから45km、小さな砂漠の町ランダーズから裏道を通って行く。

情報：一人40ドル（3500円）。貸し切りは250ドル（21000円）から応相談。定員30人。キッチンはなく、バスルームは30m離れた別棟にある。マット、寝袋はレンタルもあるが持参したほうがいい。一人旅よりもグループで訪れるのがお勧め。
電話：+1 760 364 3126
http://www.integratron.com/

来訪者たちが置いていったさまざまな「聖品」

ディジュリドゥ、コンガ、ジャンベなどの民族楽器が奏でられる

周辺の見どころ

アメリカ南西部だけに生息するジョシュア・ツリーはユリ科の植物。大きなものは高さ15m。古いものは樹齢900年を数える

★ジョシュア・ツリー国立公園

3000平方キロの広大な園内には、その名のとおりジョシュア・ツリーが群生している。砂漠の風景に異次元的な雰囲気をもたらす、ユニークな木だ。お勧めは、パークレンジャー（公園管理官）が案内してくれるガイドツアー。道中の解説パネルを追って進むセルフガイド・コースもあり、点在する巨石が見物の「秘密の渓谷」、オオツノヒツジに出会える「バーカー・ダム」など、12のルートがある。“調和装置”から公園の西門まで35km。パークレンジャー・ツアーは10〜2月のみで、所要時間は1〜3時間。水を持参すること。入園料は車一台につき15ドル（約1300円）、1週間有効。　http://www.nps.gov/jotr/

★ロッククライミング

「石の感覚」を教わりながら、砂漠を見渡す岩の頂上へと導かれる

「Jツリー」の名で親しまれているジョシュア・ツリー国立公園は、世界中のクライマーを魅了する岩山の名所。400カ所以上、数にして8000ものコースがあり、ロッククライミングやボルダリングにうってつけの花崗岩が並ぶ。公園内にあるジョシュア・ツリー・ロッククライミング・スクールではだれでもレッスンを受けられ、初心者でも大丈夫。

スクールの1日レッスンは125ドル（約10000円）。ロープ、ハーネス、ヘルメット、靴など装備一式の貸し出しあり。

電話：+1 760 366 4745

http://www.rockclimbingschool.com/

★ノア・ピュリフォイ野外美術館

砂漠の真ん中で異様な雰囲気を放つオブジェ

砂漠の真ん中に置かれた不思議なオブジェは、アフリカ系アメリカ人のアーティスト、ノア・ピュリフォイ（1917-2004）のスクラップ・アート。廃材（古びた自転車、金属スクラップ、衣類など）を用いた作品は、自然のはかなさ、アイデンティティ、黒人と白人の対立といったテーマをはらみ、哀しみと調和、そしてユーモアを宿す。訪れるときは帽子を忘れずに。

“調和装置”から14km。鑑賞は無料（有料ツアーもある）。トイレはないので注意。

電話：+1 213 382 7516

http://www.noahpurifoy.com/

樹上の球体

Free Spirit Sphere

カナダ、バンクーバー島

心やすらぐ樹上の繭《まゆ》

遠い昔、人類の祖先は木の上で暮らしていた。地上での暮らしを始めてから数百万年が経つというのに、いまも樹上の生活は憧れを呼ぶ。地上の喧噪やいざこざから隔てられた別天地、不思議な魔力の宿る場所……。

“解放された自由の星”は、カナダ南西部に浮かぶバンクーバー島にある。湖のほとりに広がる森の中、木々の葉のすき間に見える奇妙な物体がそれだ。密かにあたりを窺う目玉のような、木からぶら下がる2つの球体である。

“自由の星”は、固く結ばれたロープで3本の木の間に吊られている。クギはもちろん、木に触れる部分には金属もワイヤーも用いられていない。「自然との調和が大切なんです」とオーナーのトムは言う。球体のデザインとその吊り下げ方の試行錯誤を重ね、トムは5年をかけて風にやさしく揺れるこの完璧なバランスにたどり着いた。

“自由の星”は、心身が生まれ変わるための場所だとトムは言う。球体という形は、音を増幅させる（中に入り、中心で小さく囁《ささや》いてみればわかる）だけでなく、その人自身のエネルギーも増幅してくれるのだとか。

丸い天窓から陽光が射し込む

球体へは、らせん階段を上って入る。〈エリン〉と名づけられた今夜の私の宿は、簡素だけど温かい、こぢんまりとした心地よい空間だ。２人がゆったり寝られるベッド代わりの大きな台、食事用のスペース、小さなキッチン。ロフトのような中２階に予備のベッドがあり、周囲の木々を見守るかのように２つの大きな丸窓がついている。完結した不思議な空間は、頑丈な丸い壁に囲まれて安心感に包まれ、巣の中にいるみたい。いや、繭の中、だろうか。

オーナー：トム・チューダレーとロージー

「私にとって、“解放された自由の星”は調和と統一のシンボルです。ふつうの家は内と外とを壁で仕切りますが、ここにはそんな境界はありません。考えごとをするときは、〈イブ〉の中にこもります。心を落ち着け、日常生活の雑音を排除し、内なる声を聴くんです。私のパートナーであるロージーも、ここで生まれ変わりました」

“自由の星”にはケルト人の古代宗教ドルイド教の神秘が宿り、過去に一度その力を発揮したことがあるという。かつてトムのパートナーのロージーは、病院のありきたりな治療に見切りをつけ、この島を訪ねて〈イブ〉を借りた。２カ月ここで暮らしたロージーは、体の中から何かが変わっていくのを感じ、そのままこの地にとどまって、〈イブ〉は彼女のものになった。

日が暮れたあと、ベッドに横たわると心からリラックスできた。巨大化した自分の目のような丸窓からのぞくと、夜空に星がまたたいている。やわらかな風が吹き、木々の枝がやさしくざわめいた。樹上に浮かんでいると、森と一体になったような気がした。木と風が秘密の言葉を囁きあうと、“自由の星”も小さく揺れて、森の会話に加わった。

フリー・スピリット・スフィア（Free Spirit Sphere）

場所：カナダ・バンクーバー島。クオリカム海岸のそば（トムは引っ越しを考えているので、訪れるときはウェブサイトで確認を）。

情報：〈イブ〉は直径2.75m、１～２名用。〈エリン〉は直径3.2m、３名まで宿泊可。電子レンジ、コーヒーメーカー、ミニ冷蔵庫、暖房設備あり。トイレは真下の地上に設置。約60m離れた湖畔に、バス、トイレ、サウナ、キッチンを備えた別棟がある。
１泊（食事なし）につき、〈イブ〉は70カナダドル（約6000円）、「エリン」は95カナダドル（約8000円）。連泊は割引あり。１年間の貸し切りも可。
電話：+1 (0)250 757 9445
http://www.freespiritspheres.com/

周辺の見どころ

木々の死は森に新しい生命をもたらした

★カセドラル・グローブ（大聖堂の森）

“自由の星”からほど近いマクミラン州立公園の森。ベイマツなどの巨木が立ち並び、古いものは樹齢800年を超える。1997年の大嵐で多くの古木がなぎ倒されたが、おかげで陽光が射し込んで新芽が芽吹き、朽ちた巨木には小動物が棲みついた。苔むした巨木が点々と横たわる森は、お伽話の世界。“自由の星”からハイウェイ4をポートアルバーニ市方向へ35km。人気スポットなので混雑することもあるが、ぜひお勧め。

バンクーバー島は洞窟の島としても知られる

★湖のほとりの洞窟ツアー

ホーン湖の近くにある7つの洞窟をめぐるガイドツアー。美しい鍾乳石もさることながら、知識・経験豊富なガイドが評判だ。曲がりくねった狭い洞窟をたどる難コース、地中の小さな滝の下を抜けるコースなどを楽しく案内してくれる。
“自由の星”から80km。1.5時間のファミリーコースは20カナダドル（約1,700円）、5時間を要する冒険コースは157カナダドル（約14,000円）。ガイドなしで自由に見学できる洞窟も2つある。ランプ付きのヘルメット、つなぎの服など装備のレンタルは8カナダドル（約700円）。
http://www.hornelake.com/

お昼寝中のアシカに出会えることも

★アシカに出会えるカヤックツアー

バンクーバー島には小さな入り江がひしめき、沖合いには無数の小島が点在する。そこで人気なのが、初心者から熟練者まで楽しめるカヤック遊び。装備一式のレンタルもあり、小島でのピクニックも含まれている。女性には、島の港町ナナイモでの女性専用カヤックツアーがお勧め。ナナイモへは“自由の星”から約40km。59.95カナダドル（約5,000円）の4時間コースなどが用意されている。
http://www.adventuress.ca/

アースシップ
Earthship World Headquarters
アメリカ、ニューメキシコ州

地球にやさしい未来の棲み家

ニューメキシコ州タオス市。乾燥地帯のこの一帯は、芸術家や神秘家、ちょっとユニークな人々が集まることで知られる。彼らにとって、ここは自らの内面と向き合い、理想の暮らしを営むための場所とされている。

という予備知識があれば、リオ・グランデ峡谷にかかる鉄橋の一端に突然現れたこの近未来的な建物を見ても驚くことはない。建物の半分は地中に埋まり、全体がモグラ塚のようにでこぼことうねっている。地表から出ているのは奇妙な形の屋根だけで、ガラスが太陽にきらきらと輝いている。“アースシップ”の世界本部だ。

サルビアの茂みに囲まれて、ここには60のアースシップが点在している。

宇宙人や妖精が出てきそうだが、案内所に現れたのはお洒落なショートカットの若い女性だった。予約を告げると、彼女は親切に部屋への行き方を教えてくれた。

通路はくねくねと迷路のようで、進むうちに不思議な気分になってくる。こんな建物は見たことがない……。やがて、宮殿のような建物が現れた。まだ建造中で、ドレッドヘアの若者が砂を積んだ手押し車を押し、かたわらで女性たちがセメントを混ぜている。その向こうでは、やはり若い男性がせっせとアルミ缶を積み上げて壁を造っている。

予約した「フェニックス号」だった。この部屋の売りは、建築中であることなのだ。環境保護や節約に熱心で、アースシップの造り方に興味津々な人たちのための、いわばモデルハウスである。必要なエネルギーを自給自足でまかなうアースシップは、ランニングコストも安い。

フェニックス号の中は、住宅誌のグラビアみたいである。ガラスの屋根から陽光が降り注ぎ、観葉植物どころかジャングルのような緑が茂る（食用もある）。大きなリビングとキッチン、入口にはガラスの温室。地中に埋まった室内に窓はなく、ベッドルームにはほの暗い照明が灯っている。生き物のような温か味を醸す曲線の壁、瑠璃色の光を放つ贅沢なステンドグラス。キッチンには陶器の置き物が飾られ、食器棚の扉には自然の木枝がはめ込まれている。内装はどれも真似したくなるものばかり。フェニックス号は、素敵な手づくりの品がつまった玉手箱だ。

かたわらでは、もくもくと作業が続けられている。どうやら彼らは、かつて「ヒッピー」と呼ばれた人たちのようだ。リビングの煙突を大胆なパステルグリーンに塗り、口から火を吹く獣の暖炉を作っているカップル。むき出しの床に座り、かがみ込んで作業する金属細工担当の女性もいる。ダイニングを飾るシャンデリアも彼女の作品で、別のアースシップで作業をしていたときに、金属細工に目覚めたという。ここでは、自分の得意技が見つかるまで、まずは何でもやってみるという方針らしい。もし見つかれば、次の作業で生かすのだ。

手抜きややっつけ仕事はなく、建物は開拓精神にあふれている。しかも、ただ風変わりなだけではなく、ここは「自然の恵みを生かすことで世界を救う」という信念でつながった共同体である。

アースシップは、自然エネルギーをうまく利用して維持されている。太陽光発電と風車でほとんどのエネルギーをまかない、よく工夫された濾過システムで雨水や雪を飲料水や生活用水にする。究極は、ムダだらけの生活から出たゴミの再利用だ。たとえば壁材として土を詰めた古タイヤ（断熱効果も抜群）を使う。バスルームを飾る水玉模様や壁の装飾は、よく見るとガラス瓶やプラスチックボトルの底である。ありふれたモノがここではアートと化す。

創案は、元建築家のマイケル・レイノルズ。当初、アースシップの生活スタイルを提唱したマイケルをだれもが一笑に伏し、変わり者だと嘲った。それが地球環境に注目が集まる今、“エコ生活の神様”として一目置かれる存在になった。60代にさしかかったマイケルは、白髪を風になびかせ、神々しい雰囲気を漂わせる。建築、そして地球の未来の話になると、その目は生き生きと輝く。

創設者：マイケル・レイノルズ

「その昔、人々は星に答えを仰いだ。現代ではテレビだ。テレビを見ていると、答えよりも問いかけばかりが浮かんでくるけどね。

30年以上前に、森林を破壊し、ゴミの山に埋もれる人間の姿を描いたドキュメンタリー番組を見た。そのとき、ピラミッドの頂上から夜空の星を見つめたという古代エジプトの僧侶にならって、同じことをやってみようと思ったんだ。私は家の屋根に体をくくりつけ、満月を見つめた。周りからは変人だと思われたけれど、そうしたら答えが見えたんだ。このときの経験が、危機に瀕した地球で生き残る術を探す私の原動力だよ」

マイケルは「持続可能な生活」の実現をめざして30年以上も試行錯誤をしてきた。その努力はようやく世界規模で実を結び始め、いまやアースシップは、イングランド、ボリビア、スペイン、インド、フランス、ギリシャのほか、スコットランドのような寒冷地域でも建設が進んでいる。

自然と調和した“賢い住居”……アースシップは私たちを乗せ、未来へと進むちょっと変わった“方舟”なのである。

古タイヤの塀の奥に太陽発電の館

“アースシップ” 世界本部
(Earthship World Headquarters)

場所：アメリカ・ニューメキシコ州。タオス市から北東に26km、アルバカーキ市から280km。標高2000mの砂漠地帯にある。広さは2.6平方キロ。

情報：観光ホテルではなく「共同体」である。新しいアースシップが次々と造られ、人が寝泊まりできる状態になると貸し出される。
「フェニックス号・スタジオ」は、ベッドルーム、バス付きで1～2名用1室100ドル（約8300円）。キッチンはない。
「フェニックス号・スイート」は、暖炉、調理場、ベッドスペースのほか、独立したベッドルームがもう一つあり、1～2名用1室150ドル（約12000円）。3～4名用のスイートは1室225ドル（約19000円）。全室を借りると275ドル（約23000円）で、最大6名まで泊まれる。
電話：+1 575 751 0462　http://www.earthship.org/

バスルーム

周辺の見どころ

リオ・グランデ川
とサボテンの花

★マンビー天然温泉

200mの崖が切り立つリオ・グランデ川は、アメリカでも有数の景勝地。峡谷にあるマンビー天然温泉には、38度の心地よい温泉が4つ湧き出ている。温泉までは石だらけの険しい道だが、群生するサボテンやサルビアに包まれて雄大な自然を楽しめる。アースシップから3.2km、車で15分。

★タオス・プエブロ集落

ネイティブ・アメリカンのタオス族の集落。約1000年の歴史をもつアメリカ最古の集落だが、現在、電気も水道も使わない伝統的な暮らしを営むのは、約50の住居に住む150人のタオス族。他の建物は儀礼などに使われ、所有者は近くの現代住宅に暮らしている。

16世紀にスペイン人がこの地にやってくるまで、彼らの建物には窓も扉もなく、ハシゴを使って天井に開けた穴から出入りしていた。プエブロ集落はいまも侵略に対する抵抗のシンボルであり、世界遺産にも登録されている。

夏期は毎日見学自由、8:00～16:30。冬期は申し込み制。入場料はガイド付きで10ドル（約900円）。

電話：+1 575 758 1028

http://www.taospueblo.com/

★タオスで芸術家になる

芸術の町として知られるタオスでは、住民の1/3を芸術家が占める。その大半は画家。大胆な色彩で知られる巨匠ジョージア・オキーフ（1887-1986）もタオスの住人だった。町には約80のギャラリーがあり、画家による絵画ワークショップが行なわれている。半日の絵画ワークショップは、道具一式付きで50ドル（約4200円）。

http://www.taosgalleryassoc.com/

1920年代、イギリスの資産家アーサー・マンビーは一大リゾートの建設を夢見た。古い浴場施設の痕跡はその名残り

アメリカ最古の住居群タオス・プエブロ

芸術の町で教会のアドビ煉瓦を描く

サバンナの青空ベッド
Lion Sands
南アフリカ、サビ・サンド

大地に組み上げられたベッドで眠る

サバンナの冒険は、贅沢な５つ星ホテルから始まる——。

「ライオン・サンズ」は、サビ川の岸辺に建ち並ぶ数棟のロッジからなる。黒と白で統一された豪華な調度品や極上のサービスは、まさに５つ星。しかし、期待して訪れた広大なサバンナは、ロッジの目の前ではなく、少し先に広がっている。サバンナに肌で触れるために、ここではエキストラ・ベッドを頼むのだ。

午後遅く、ホテルのジープがロッジへ迎えにきてくれる。未舗装の道をがたがたと15分ほど進むと、茂みの上に真っ白いカーテンが浮き上がって見えた。老木に寄り添うように組まれた櫓の上に、青空を望むエキストラ・ベッド。これこそが今夜の寝室である。

樹上の天然ベッドは２つある

樹齢500年の大木と野生ランに囲まれた階段を登っていくと、蚊帳付きの大きな四つ足ベッドが現れた。テーブルに椅子、化粧台、灯油ランプ、鏡、ガウン、傘まで用意されている。ただ、天井と壁だけがない。

５つ星ホテルにふさわしく、ゆったりと豪華な本館ヴィラ

ボーイのルパートがテーブルに食器と銀のカトラリー、冷えたシャンパンをセットし、サファリバッグから私の夕食を取り出した。美しく盛られた6コースのディナーを並べ、灯油ランプと送信機付きラジオの使い方を説明してくれる。最後に双眼鏡を手渡しながら、ルパートは言った。

「運が良ければビッグ・ファイブ（サイ、ゾウ、ライオン、バッファロー、ヒョウ）のどれかがやってくるかもしれませんよ」。

この足下に、ビッグ・ファイブが住んでいる？　もしヒョウがここまで登ってきたら？　ヘビとかがやってきたらどうするの？　「いえ、彼らの習性からして、考えられません」とルパートは答えた。しかし、絶対にありえないとは断言してくれなかった。そのスリルに私はお金を払ったのだ。

ルパートのジープが草原に消えていくのを見送り、私は独りになった。動物たちに囲まれてはいるが……。

共同オーナー：ニコラス・モア

「1930年代、ここは祖父の狩猟場でした。あるとき2頭のライオンに襲われそうになり、木の上に逃げて九死に一生を得たそうです。それで祖父はこんな櫓を組み上げたんです。日曜日には祖母も連れてきていましたが、外で夜を過ごしてはいませんでしたね。木の上に泊まろうと考えたのは、僕たち兄弟なんですよ」

翌朝はジープが迎えにきてくれる。あらかじめ
時間を決めておくか、ラジオで本館に連絡する

たしかに周りは動物だらけだった。インパラの群れが辺りを警戒しながら草を食み、その子どもたちが周囲をぴょんぴょん飛び跳ねている。そこにシマウマとクーズーがやってきて、仲良く一緒に草を食べはじめる。

楽園のような光景に見とれていると、おもむろにサイが姿を現した。ビッグ・ファイブだ。後ろにもう一頭いる。二頭のサイはうなり声をあげて突つき合いを始めたが、愛情表現の一種なのか、すぐに収まった。

檻の中ではない、野生動物の生態を目の当たりにするのは感動的である。銀のカトラリーが並べられたこの寝室の贅沢な雰囲気が、自然の恐ろしさを和らげてくれた。

やがて日が沈み、辺りが暗くなると、空に無数の星が輝いた。

この大自然のなかに、天井も壁もなく独りきり……。動物の鳴き声や動く音がよりはっきりと聞こえるなか、私はベッドにもぐり込み、夜風を感じながら横になった。

眠りを待つ間に思い出したのは、ここで一夜を過ごすことが一生の夢だったと語ってくれたある老婦人の話だった。老婦人が泊まったその夜、雨が降りだした。しかし彼女は迎えを呼ばず、しびれを切らしたホテルの方が連絡をよこした。「いま迎えに行きますから、快適なヴィラへお戻りください」と告げた声に、老婦人は「けっこうです」と答えたという。「大丈夫、とても快適ですから」と言って送信機のスイッチを切ると、彼女は手に傘を持ったままベッドに横になり、今ここにいることの幸せを噛みしめたそうだ。

ライオン・サンズ（Lion Sands）

場所：南アフリカ共和国、サビ・サンドにある私設狩猟場内に建つ。サビ川をはさんだ反対側はクルーガー国立公園。２つの天然ベッドは、ライオン・サンズ本館から車で15分。ネルスプロイト国際空港から110km、スククザ空港から12km。

情報：屋外ベッドが利用できるのは、ライオン・サンズのヴィラを予約した宿泊客のみ。水道はなく、ケミカルトイレが設置されている。マラリアの予防接種を必ず受けておくこと。
ロッジは、ダブルルームが8300ランド～（約96000円～）、スイートが14700ランド～（約170000円～）。ツリーハウスの利用料金は1185ランド（約14000円）。５～９月のオフシーズンは割引がある。
電話：+27(0)11 484 9911
http://www.lionsands.com/

ライオン・サンズ本館のアイボリー・ロッジ

周辺の見どころ

★クラシック・サファリ

屋根のないジープでサバンナをめぐるサファリツアー。前部に狩猟席があり、ハンターが座る。サビ・サンドはヒョウが有名だが、ビッグ・ファイブも生息する。ホテル宿泊客は無料。

★朝の大自然を散歩

小動物や植物を楽しむウォーキング。ガイド付きで、動植物の珍しい生態などを解説してくれる。ホテル宿泊客は無料。

★夜の星空サファリ

闇のなか、サファリカーに寝そべって夜空の星を観賞するナイトツアー。星にまつわるアフリカの神話や伝説の解説がある。ホテル宿泊客は無料。

ガードなしのジープでヒョウに接近

朝の自然散策

象のテント
Gorah Elephant Camp
南アフリカ、アドゥ・エレファント国立公園

肌で感じる野生の息吹

まだ夜も明けきらないころ、奇妙な音で目が覚めた。何かが地面をこすっているようで、地震みたいに建物が揺れている。昨夜のホテルスタッフの忠告を思い出した。アドゥ・エレファント国立公園では、珍しくない出来事だという。

起き上がって外の様子を伺うと、隣の宿泊客も同じように窓から頭を突き出していた。会釈を交わし、恐る恐るバンガローの外へ出る。地面をこする音に混じり、ぼきぼきと木々の枝が折れる音が響いている。夜明けの騒音の主は、目の前にいた。象が大地を引っかいているのだ。初めて目の当たりにする雄大な野生の姿に、胸が震えた。隣人も息をのむ。私は身動きもせず、呆然と見つめた。まもなく恐怖心は去り、思わず感嘆のため息がこぼれた。すると象は、ゆっくりと藪の中へ姿を消した。

動物保護区内の宿泊施設には珍しく、ここ「ゴラ・エレファント・キャンプ」には柵がない。動物たちは自由に歩き回り、バンガローのすぐ近くにまでくることもある。いつも間近で見られるとはかぎらないが、象には必ず出会えるという。アドゥ・エレファント国立公園は、象の個体群密度が世界一なのだ。

マネージャー：ニコラ・シュウィム

「ゴラ農園と象は、特別な縁で結ばれているのだと思っています。きっと、象の魂がここを守ってくれているんです。満月の夜は象が家屋の周りに集まり、高い声で鳴きます。ゴラ農園は代々女系ですが、女性が家長を担うところも象の社会と同じなんです」

宿泊室のバンガローは、小屋というよりはテントのような佇《たたず》まいだ。しかし頑丈な木造りの床と天井で守られている安心感があり（象や猛獣に襲われるという事態は起きていない）、明るくさわやかな帆布の壁がサファリの風を感じさせる。木製の四つ足ベッド、珍しい木の実が入った銀のトレイ、草原を臨むベランダに置かれた大きなチェアなど、室内はコロニアル風だ。

バンガローの裏には現代的な
バスルームが完備されている

　数あるサファリ・ホテルとは一風異なるこの雰囲気を守るため、ゴラ・エレファント・キャンプは電気を引いていない。太陽発電で通風装置と一部の照明具をまかなってはいるが、明かりはロウソクと灯油ランプでとり、調理にはガスが使われている。

　ここでの楽しみの一つは、バルコニーでとる朝食の時間。わずか30m先にある動物たちの水場には、かつて羽根をとるために飼育されていたというダチョウが群れている。やがてシマウマが加わり、かと思えばバンガローのすぐ脇で、イボイノシシが草を食む。人間と動物が同じ場所で同じように朝食をとる、この幸福感。隣りのバルコニーでは、隣人が望遠鏡を覗いていた。

草を食べる象。アドゥ・エレファント国立
公園には、450頭の象が暮らしている

立地や建物だけでなく、ゴラ・エレファント・キャンプはホテルスタッフの温かい雰囲気も魅力の一つである。キッチンシェフは、リクエストすると歯切れのいい現地語でアフリカの伝説を語ってくれる。スタッフはみな仲がよく陽気で、本館でとる夕食では、サファリ・ガイドをしてくれたパークレンジャーもキッチンスタッフの給仕を手伝う。ちなみに、ロウソクの灯りの下でとる夕食は、ワニ、インパラ、クーズー、ダチョウなど、アフリカならではの食材がお楽しみだ。

夕食が終わり夜が更けると、動物たちとの危険な接触を避けるため、レンジャーが宿泊客をバンガローまで送り届けてくれる。心地いいベッドに潜り込み、帆布の壁の外を闊歩する象を思い浮かべながら、私は眠りについた。

バンガローの屋根裏に……

テーブルには大きなダチョウの卵が

ゴラ・エレファント・キャンプ（Gorah Elephant Camp）

場所：南アフリカ共和国、東ケープ州のアドゥ・エレファント国立公園内。ポート・エリザベスから65km。

情報：スイミングプールもある5つ星ホテル。バンガローは全11室。3食・サファリツアー付きで、4～9月2,750ランド（約32,000円）、9～12月5,595ランド（約65000円）、1～4月5990ランド（約70000円）。
電話：+27(0)44 501 1111
http://www.hunterhotels.com/gorahelephantcamp/

アドゥ・エレファント国立公園には象のほか、バッファロー300頭、クロサイ14頭、ライオン9頭、エランド180頭、クーズー2,000頭、多数のイボイノシシ、ダチョウ、ヌー、ブッシュバック、ジャッカル、ハイエナなどが生息する。鳥は300種。

イボイノシシ

周辺の見どころ

★ゴラ・サファリ

レンジャーと行くサファリツアー。アフリカの野生動物と自然の多様性は尽きず、2度と同じツアーはないという。ゴラ・サファリの最大の特徴はレンジャーの熱意と豊富な知識。知られざる野生の驚異を丁寧に解説してくれ、間近に見る野生動物の生態と野生界の秩序、またライオンやクロサイ、そして象との出会いは、人生観を変えるほどに感動的。夕方にはレンジャーがジープを停めてテーブルを出し、よく冷えた白ワインをふるまってくれる。宿泊客が自由に参加できる、ちょっとスリリングなサファリ体験。朝8:30、夕方4:30の1日2回、屋根のないジープで行く。

珊瑚礁ホテル
Conrad Moldives
モルディブ、アリ環礁

夢の楽園、そして海底レストラン

　南国好きやダイバーたちにとっての夢の島・モルディブは、1100以上の島々と26の環礁からなるインド洋の楽園。火山島群の地殻変動によって形成された環礁が洋上のあちこちに点在し、飛行機から見下ろす島々は、コバルトブルーの海に埋め込まれた真珠のネックレスのよう。起伏がなく、海面からいちばん高いところでも2.5mと、世界一まっ平らな国でもある。

「コンラッド・モルディブ・ランガリ・アイランド」へは、首都マレ近郊の空港から小さな赤い水上飛行機に乗り換えて行く。定員に達するまで乗客を待ってから、のんびりと離陸。南西方向に30分ほど飛ぶと、２つの島を結ぶ長い橋が見えてくる。銀色の絹糸のように輝く橋と緑の島を横目に、水上飛行機は真っ青な環礁の真ん中に降り立つ。海面は、広くやわらかな滑走路でもある。

海面に浮かぶ「サンセット・ウォーター・ヴィラ」

島はマレから90km離れ、1時間の時差がある。この島、このリゾートだけの時間帯であり、到着の夜を、そして翌朝のベッドで少しでも長く寛《くつろ》いでもらうための、宿泊客への“1時間のプレゼント”なのだ。

ここの自慢は、5つ星どころか“6つ星”に値する“寛ぎとプロフェッショナルなサービス”である。だからといって気取った雰囲気はなく、スタッフもとても自然で気持ちがいい。もっとも、気取らないとはいえ、宿泊客はみな少なくともビジネスクラスでやってくるのだが……。

私は奮発して、グレードの高い部屋を予約しておいた。スピードボートが出迎えてくれ、「サンセット・ウォーター・ヴィラ」へと案内される。外観の第一印象は、リゾートによくある高床式の水上家屋。白いビーチから30mの専用橋が伸び、日に褪せたヴィラが少し離れて2つ建っている。各ヴィラには緑の制服を着た世話係がつき、部屋に備え付けのブザーを押すと専用口から静かに姿を現し、用事が済むと静かに去っていく。室内は、「ヴィラ」の名に恥じず、広く、美しかった。

きらめく夢のようなこの楽園では、お金を出せば時間だけでなく空間だって買うことができる。ヴィラの広さは約200m！　そこにおよそ望むかぎり、いやそれ以上の設備が整っている。海を見渡す大きな窓からは明るい陽光が降りそそぎ、ガラスのドアの向こうには真っ青な環礁が広がっている。

ヴィラの洋上ベランダ

マネジャー：カールステン・シーク

「私たちは最高級ホテルのその上をめざし、『ここだけにしかない極上の時間』を提供したいと考えました。そうした発想から生まれたのがこのリゾートです。足を濡らすことなく、モルディブの美しい海の世界をお楽しみいただけますよ」

ベッドルーム、バスルーム、ラウンジが仕切りなく配置されたワンルームの室内は、ゆったりと開放感にあふれ、風通しもいい。

ガラス張りの床下に青い海が透けて見え、人間など気にもとめずにニードルフィッシュの群れがゆったり泳いでいる。その上のソファは水面に浮かんでいるかのようだ。

調度品はすべて一流品で、ボーズの最新オーディオ、大理石のバスルーム、そこに置かれた小物はフィリップ・スタルクとブルガリ。リモコン付きの大きなジャグジーがあり、ベランダには露天ジャグジーも。窓辺には望遠鏡が置かれ、オレンジの花できれいに飾られた円形の大きなベッドは、ボタンひとつで夕陽を追いかけてゆっくりと回転する。

ここの一番の目玉は、透明なドームで覆われた海中レストランだろう。さながら潜水艇のようで、珊瑚礁の色鮮やかな魚たちが頭上を優雅に舞い泳ぐ。

私はやりたいことの多さに頭を悩ませた。このままガラスの床に寝そべって魚たちを眺めていようか、それとも海中レストランをのぞいてみるか、大理石のバスルームで旅の疲れを癒そうか、それとも露天ジャグジーに身を沈めて海を眺めるか……。いや、世界一大きな“プール”で泳ごう！　私はベランダへ出ると、青くきらめくインド洋に頭から飛び込んだ。

海底5mに造られたお伽の国のような海中レストラン。毎日午後には、エサを追って海面へと舞い上がるエイの姿が見られる。ドームの周りを色鮮やかな熱帯魚が群れをなして舞い泳ぎ、ときにはダイバーまでもがメニューをのぞきにくる。まさに水族館の中での食事だが、はてさて魚料理にするか、お肉にしようか……ふたたび頭を悩ませた

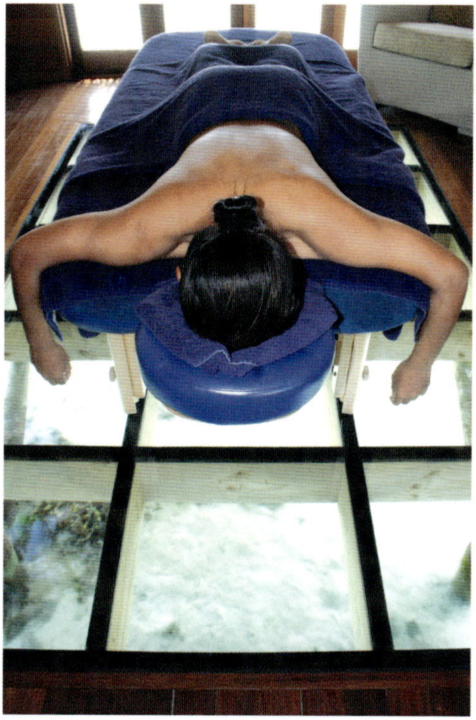

コンラッド・モルディブ・ランガリ・アイランド（Conrad Maldives Rangali Island）

場所：モルディブ、アリ環礁

情報：首都マレから専用機で約30分。料金は400ドル（約34000円）。専用機の最終便は夕方6時発で、乗り遅れたら一晩をマレで過ごすことになるので注意を。「サンセット・ウォーター・ヴィラ」は4名まで、オフシーズンで1室5500ドル（約460000円）、ハイシーズンは8000ドル（約670000円）。
電話：+960 668 0629
http://www.conradhotels.com/

砂上のベッドで癒しのひととき。

周辺の見どころ

★マンタと泳ごう
ホテルからボートで10分のところにあるマディヴァルは、マンタ（オニイトマキエイ）に会える格好のダイビング・スポット。マンタは海深200～300mにすむが、12月から4月は体についた寄生虫をホンソメワケベラに食べてもらうため、海面近くまで上がってくる。ダイビング初心者にもお勧め。装備、ガイド付きの1時間コースは80ドル（約6800円）。ホテル予約できる。

体長7mのマンタと

★波の上のレストラン
モルディブならではの小島に行ってみたい人は、バロス島へ。灯台レストランがあり、モルディブ一の高さから海を見下ろして食事できる。上層のラウンジからは美しい色合いの珊瑚礁の海を眺めながらカクテルを。海を目の前にした下層のレストランでは、美しい日没と泳ぎまわるエイを見ながらの食事が楽しめる。
首都マレからスピードボートで20分、バロス島の5つ星ホテルにある。3コースにハーフボトル・ワイン付きで120ドル前後（約9000円）、要予約。
電話：+960　664 2672
http://www.baros.com/

灯台レストラン

★海中レストラン
「コンラッド・モルディブ・ランガリ・アイランド」が経営する水深5mの海底レストラン。透明なアクリルのドームの外には、シュノーケリングで見るよりもはるかに豊かな種類・数の魚の世界が広がる。透明な天井をもつ海底レストランは世界でもここだけ。12席しかないので予約を。5コースの食事で320ドル（約27000円）。

海中レストラン

地下洞窟ホテル

Miramira オーストラリア、ビクトリア州

静寂と安らぎの極私的空間

夕暮れのなか、その目はこちらをまっすぐに見ていた。石造りの巨人はあんぐりと大きく口を開け、獲物を待ち構えているようである。しかしあたりは平和すぎるほどに平和で、夕日がユーカリの木を赤く染め、眼下に見える湖を背景に2頭の馬が草を食んでいる。

そこへドラゴンと妖精が描かれた1台の車がやってきて、静かに停まった。中から個性的なカップルが降りてくる。知的なノビーと優しい目をしたショートカットのシーラ。この「ミラ・ミラ」を作ったウォード夫妻である。

ミラ・ミラ（Mira Mira）とは、アボリジニの言葉で「鏡、鏡（mirror mirror）」の意味。その名は、風のないある日に閃《ひらめ》いたそうだ。「さざ波すらなく、湖面にここの３つのテラスがきれいに映っていた。まるで鏡のようにね」とノビーは説明した。「３つのテラス？」と訊こうとしたが、すでにノビーは巨人の口をふさぐ木製の扉を開け、暗い喉の奥へ消えようとしていた。

あとを追って中に入ると、かすかな明かりに照らされた通路には、下へ向かって風が吹いていた。底まで降りると、そこには温かな洞窟のような空間が広がっていた。ピンクとグリーンの照明が鍾乳石を幻想的に照らし出し、雫のしたたる音がやわらかに響いている。

洞窟の中は快適な生活空間で、電子レンジ付きのキッチンからダイニングテーブル、ソファ、暖炉まであった。そして、テラスも。温かな光は、ここから差し込んでいたのだ。テラスにはテーブルとチェア、バーベキューコンロが置かれ、なだらかな緑の丘ときらきら光る湖が一望できる。

ノビーは「自然との闘い」を一番に考え、この場所を選んだ。洞窟には強い夏の日射しもあまり入り込まず、冷んやりと快適である。また、太陽が低い冬には日が奥まで差し込み、自然に温めてくれる。

ミラ・ミラの客室は２つ。１つは丸い部屋でやはりテラスがあり、その反対側の壁を丸くくりぬいた空間にふかふかのダブルベッドが置かれている。「何かに包み込まれるような、心からの安らぎを味わってほしい。胎内の赤ん坊のようにね。潜在意識と原始的本能を引き出す、そんな空間を作りたかった」とノビーは言う。この“洞窟の中の洞窟”は、まさに理想の寝室である。横になり部屋を眺めると、ほのかな電球が天井をつたい、幻想的な星空のよう。胎児と宇宙という、大きな存在と小さな存在とが一つになる空間である。

洞窟ハウスには、ノビーのさまざまな思いが込められている。信じられないことに、ノビーとシーラは誰の手も借りず、二人だけでここを造り上げた。基本設計を手がけたのはノビーで、建物全体に彼の「原始の思想」を詰め込み、ところどころにユーモアを交えている。シーラはそれを心地良い空間にすべく、原始の時代をイメージさせるシダや貝殻で壁を装飾し、仕上げた。二人が「原始の人間の夢の空間」と呼ぶミラ・ミラは、こうして完成した。

鍾乳洞のような空間

星座のような天井

オーナー：ノビー・ウォードと妻シーラ

「末期がんと宣告されてね。でもそこで終わったんじゃない、始まったんだ。私は、夢を実現させようと『ミラ・ミラ』を造った。変な話さ、自分が死の瀬戸際にいることを知らされ、初めて憧れていた生き方を実践できたなんてね」

洞窟ハウス（Miramira, The Cave House）

場所：オーストラリア・ビクトリア州。メルボルンから車で1.5時間、ニーリムハウス町近くの丘陵地にある。金属製のとぐろを巻いた大きなドラゴンが目印。

情報：ダブルルーム×２室、宿泊は２泊から。朝食付き２泊で、２名390豪ドル（約33000円）。週末料金は490豪ドル（約41000円）。
電話：+61 (0)3 5626 72000
http://www.miramira.com.au/

鎖で吊り下げられた馬具でストレッチ？

洞窟内には、感性を刺激する仕掛けがあちこちに用意されている。哲学的なものばかりではなく、「欲望」というコンセプトの客室もある。部屋の大部分を占めるのは、優雅な四柱式寝台。その奥にはやはりテラスが広がっている。ベッドに吊り下げられた革ひもと馬具は……多くの人を刺激してきただろう。「最初はこうするつもりじゃなかったんだけど」とシーラは言う。「喜んでくれるお客さんがいるのよね。予約の電話で『ボンデージ・ルームをお願いします』と言われたのにはびっくりしたわ」。

その成功を証明するかのように、洞窟ハウスのゲストブックにはびっしりと熱いメッセージが並ぶ。なかには、「結婚生活に刺激をもらいました」という言葉もあった。

洞窟探検をしているような佇まい。ベッドに寝そべると……

洞窟ハウスは右手斜面に掘られている。正面は本館

周辺の見どころ

★トゥロンゴ滝とトレストル橋

ニーリムサウスの町から北へ47km。川沿いの駐車場から散策路をたどると、トゥロンゴ滝の真下に出る。近くの草原はピクニックに最適。途中にあるトレストル橋は、1919年に手作業で造られた有名な木造の鉄道橋。3月にはランチ・イベントが開催され、橋からの美しい景色とランチを楽しめる。

http://www.visitvictoria.com/

トゥロンゴ滝

★動物の医療現場

小さなヒールズビル・サンクチュアリ動物園の人気は、動物治療の現場を見学できる医療センター。ガラス張りの診療室で、獣医はときどきドアを開けては見学者の質問に答えてくれる。手術室にはカメラが設置され、待合室のモニターで生中継も。患者の多くは近くの住民が持ち込む動物たちだ。ケガの原因の第一位は交通事故で、運ばれてくる動物はひと月に約100匹。

メルボルンの北方、ニーリムサウスの町から80km。入園料は23.60豪ドル（約2000円）。洞窟ハウスから動物園に向かうなら、ユーカリの繁る美しい「ラトローブの森」に立ち寄って散策するのがお勧め。

電話：+61 (0) 3 5957 2800

http://www.zoo.org.au/HealesvilleSanctuary/

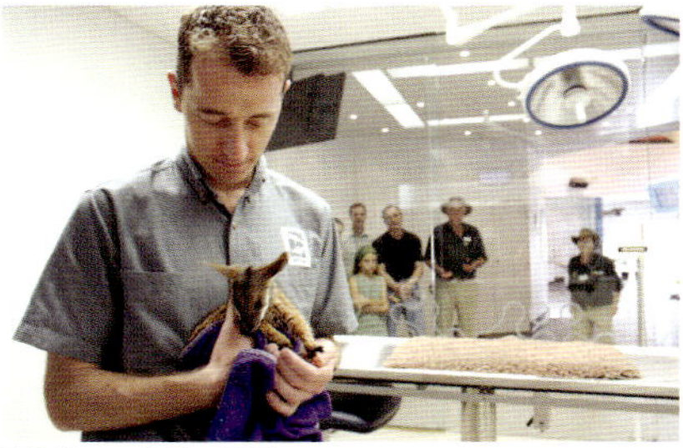
ワラビー、タスマニアンデビルなど希少動物の養育も手がける

★レーンズ&アーケード・ツアー

オーストラリアのファッション中心地・メルボルンで人気の一風変わったショッピングツアー。若手デザイナーのショップを中心に、地元の人も知らないような隠れ家的でおしゃれなお店を50軒以上めぐる。ツアーはランチを食べて終了するが、そのあとで気に入った店を再訪するのがまた楽しい。メルボルンの町並みやアーケード、建築にまつわる話も満載の充実ツアー。

火～土曜日の朝10時から3時間半。ランチ、地図付きで115豪ドル（約10000円）。

電話：+61 (0)3 9329 9665

http://www.hiddensecretstours.com/

歴史的建築のアーケードやスイーツショップもめぐる

飛行機の宿
The Plane Motel
ニュージーランド、ワイトモ

尾翼側の落ち着いたベッドルーム

操縦室ベッドでパイロット気分

ワイトモ洞窟の近くには、絵に描いたような美しい山並みが広がる。このなかを縫うように走る小さな山道沿いの草原に、大きな飛行機が停まっていた。ヒコーキ？　たしかに迷彩色に塗られた本物の飛行機だ。今ではめったに見ることのできない貨物機、ブリストルフレイター。1940年代製である。ニュージーランドではほかにクライストチャーチの航空博物館でしか見られないこの貴重な飛行機が、今夜の私の宿なのだ。

来る途中、手作りの派手な看板に「ウッドリン・パークの売りは“ここだけにしかないホテル”」とあった。たしかに、世界でここだけにしかないホテルだろう

近くで見ると、飛行機は思ったよりも大きい。翼の下にピクニックテーブルが置かれ、鳥がプロペラの辺りを飛び交っている。入口を探していると、Tシャツ姿のにこやかな男が現れた。ウッドリン・パークのオーナー、バリー・ウッズだ。バリーは人目を引く看板には不似合なはにかみ屋で、おっとりと入口のドアハンドルを教えてくれた。

機内には、尾翼のほうに１室、コクピットに１室の計２室がある。壁は漆喰《しっくい》で塗られ、尾翼側の部屋には小さなキッチンと簡易寝台、ダブルベッド、プラスチックの椅子。軍用機として飛んでいた過酷な時代の面影は見当たらず、先細りした部屋の形と丸い窓はむしろ旅客機を思わせる。清潔でこぢんまりしていて、家族連れやカップルにお勧め。

一方、コクピット側の部屋は２階構造で、がらりと雰囲気が変わる。リビングから身をよじらせて上る狭い階段の先は、操縦室。破れたシート、ハンドルみたいな操縦桿、ぶら下がったケーブル、歪んだ窓……。赤と黒のダイヤル、レバー、スイッチが並び、「非常用消火装置」「飛行限界」など緊張感ただようボタンもある。ペダルに足を置き、操縦桿を握りしめ、窓から地平線を眺めると、いまにも飛び立ちそうな気配だ。

コクピット・ベッドのそばには70年前の操縦席

意外に広いダイニング・キッチン

肩を寄せ合ってコクピットに座りながら、バリーはいろんな話をしてくれた。このブリストルフレイターは複列14気筒空冷星型エンジン「ブリストルハーキュリーズ」を搭載し、出力はそれぞれ2,030馬力。１時間の飛行に120ガロンの燃料を必要とする。軍用貨物機としてタイや香港へ飛び、ベトナム戦争でも使われた。機体には銃撃で開いた穴の修理跡があり、壁を突き破った銃弾は爆弾とクルーたちの間をかすめた……。

操縦席のすぐ後ろには、ダブルベッドが押し込まれていた。天井は低く、ベッドの上に座るのがやっとだ。かたわらのゲストブックをめくると、実際にこの飛行機に乗っていた操縦士たちの名前もあった。かつて背くことの許されぬ命を受けて、戦時中の空を飛んだ人々だ。私はしばらく呆然と往時を偲んだあと、星空を眺めながら不思議な気持ちで眠りについた。

コクピットの寝室

機体には、戦時中に操縦士が書き残した文字
——「愛しい人よ、そばにいておくれ」

オーナー：バリー・ウッズ

「何だって一番を目指さなきゃ。羊毛刈り職人だったときも、僕はスピードコンテストで世界記録を作ったよ。職人時代はいろんな国で仕事をした。そのうちに、旅行客はこういうものを求めてるんじゃないか、と思いついたんだ。今は、この飛行機ホテルで世界一になりたいね」

プレイン・モーテル（The Plane Motel）

場所：ニュージーランド北島・ワイトモ村から0.5km。

情報：尾翼部屋（ダブルベッド十簡易寝台、リビング付き）は150NZドル（約9500円）、コックピット部屋（ダブルベッド×2、リビング付き）は160NZドル（約10000円）。敷地内には、このほかに古い列車、第二次世界大戦時の巡視艇を改造した宿泊室もある。
電話：+64(0)7 878 6666
http://www.woodlynpark.co.nz/

美しい田園風景が広がり『ロード・オブ・ザ・リング』のロケも行なわれた

周辺の見どころ

★ビリー・ブラックのNZカルチャー・ショー
ビリー・ブラックとは飛行機ホテルのオーナー、バリーの愛称。ニュージーランド開拓史を紹介するユニークなショーで、バリーのパフォーマンスとすぐれた演出は大人にも子どもにも人気。観客も一体となり、参加しながらショーは進む。毎日午後1時半から、23NZドル（約1500円）。

★グローワーム・ケーブ
ワイトモを訪れたら必見の川下りツアー。川は絶滅種モアの化石が残る鍾乳洞の奥に流れている。太陽の届かない真っ暗な地下世界だが、天井はグローワーム（ヒカリキノコバエ）の幼虫が発する緑色の光に輝く。暗闇と静寂、緑の光で構成される宇宙空間のような幻想世界を、ボートはゆっくりと進む。洞窟内でのコーヒーブレイクを含み、ツアーは3.5時間。65NZドル（約4300円）。
電話：+64(0)7 878 7621　http://www.glowworm.co.nz/

鍾乳洞の天井に無数の緑色の光が輝く

★砂浜の天然温泉
海辺の町カフィアのビーチには、天然温泉が湧いている。砂を掘って湯船を作れば、オーシャンビューの露天風呂。硫黄の匂いを頼りに、砂がボコボコと沸き立つスポットを探そう。ただし引き潮のときだけ、1時間後には波にのまれてしまうので注意。ワイトモから35km。観光スポットではないから看板もないが、町の観光案内所にある地図に載っている。　http://www.nzhotpools.co.nz/

ビーチに穴を掘って手づくり温泉

★サーフィン・レッスン
ラグランはニュージーランド屈指のサーフポイント。海辺ではレッスンが開かれていて、初心者は砂浜での基礎レッスンから始め、最後は本物の波に数秒間立てるようになる。ウェットスーツ、サーフボード、レッスン後のサウナ付きで、初心者コース（3時間・5名まで）89NZドル（約5700円）、中級者向けの個人レッスン（3時間）129NZドル（約8500円）。スーツ、ボードの貸し出しは半日で45NZドル（約3200円）。ワイトモから車で2時間。
電話：+64(0)7 825 7873
http://www.raglansurfingschool.co.nz/

木箱の宿
Hapuku Lodge
ニュージーランド、カイコウラ

木に囲まれ、鳥の声で目覚める

世界中から旅行者を集める海沿いの観光地カイコウラは、イルカやホエールウオッチングが人気。しかし、陸地にも見どころはある。マヌカの木の上に浮かぶ５つの大きな“木箱”、「ハプク・ロッジ」だ。

頭でっかちで不安定そうに見えるが、木箱はしっかりと金属の支柱で支えられている。地上にあるフロントは、洗練されていながら気さくな雰囲気で、ツリーハウスへの格好の入口だ。すぐれた設計と上質の家具が贅沢感を醸し、これから過ごす特別な時間への期待が高まる。予約を確認すると、オーナー兄弟の一人、トニー・ウィルソンが樹上の部屋へと案内してくれた。

５つの小屋には、それぞれニュージーランドの鳥の名がつけられている。小屋を巣のように取り巻くマヌカの木は、良質な蜂蜜の蜜源として知られ、かすかな甘い匂いを振りまいている。

頑丈な木の階段を登って地上10mのロッジの入口へ……。中は、広々としたワンルーム。風の通りがよく爽やかで、窓の向こうにカイコウラ山脈が広がる。反対側の窓からは、真っ青な海が見渡せた。すぐ下では、シカの群れが草を食んでいる。ここは1990年代半ばにシカ園として始まり、ウィルソン兄弟は現在もシカを育て、薬用として角を出荷している。

オーナー：トニー・ウィルソン

「子どものころ、僕たち兄弟は木の上に隠れ家を作っていました。鳥と同じ高さで遊んだ思い出が忘れられず、趣味でツリーハウスを建てたんです。そしてふと、大人のための贅沢なツリーハウスを作ろうじゃないか、と思ったんですよ。旅行者の望みをすべて叶える上質の空間をめざしました」

目の前に横たわるカイコウラ山脈。標高2,610mの山頂部は１年の半分は雪を頂いている

室内はこざっぱりとして品が良く、快適だ。ウィルソン兄弟が設計し、敷地内の工房で造ったオリジナル家具もあり、プラタナスの樹皮、セコイアの枝など、自然の造形そのままの素朴な質感が生かされている。かと思えば、ランプや椅子など量販店で売られていそうな品もあるのだが、うまく全体がマッチして、気どらない雰囲気でまとまっている。

この居心地の良さは、部屋中に行き届いたトニーの気配りによる。DVDプレーヤーとフラットモニタ、iPodとボーズのスピーカ、そしてインターネット回線。清潔に磨かれた最新式のジャグジーとふわふわのタオル、フクロギツネの毛皮の毛布、床暖房に鋳物の薪ストーブ……。

まさに設備は至れり尽くせりである。電球のゆるみ一つも許さないもてなしへのこだわりは、とりわけベッドに発揮されている。トニーは「理想のマットレス」を探して文字どおり世界中をめぐり、望みのものが存在しないとわかると、抗アレルギー性ラテックスとウールでできたこのロッジだけのためのマットレスを作ってしまったのだ。

ほかにも、カーペットは中東とインドから、オリジナル家具の木材は国内産のほかカリフォルニアとタスマニアから、シカの鳴き声を遮断する二重ガラスはドイツから、それぞれ取り寄せている。

樹上とはいえ、ここはターザン気分を味わいにくるところではない。日常という地上を離れ、リラックスして旅を楽しむための快適空間である。

窓の中央に据えられた薪ストーブに癒される

ハプク・ロッジ（Hapuku Lodge）

場所：ニュージーランド南島、カイコウラの北12km。海と山に挟まれ、海辺までは200m。

情報：全５室。部屋はダブル、またはダブルベッド×２。季節と部屋の広さによって、390～855NZドル（約24000～53000円）。
電話：+64(0)3 319 6559
http://www.hapukulodge.com/

食事は本館のレストランで。地元農家の有機野菜、ロッジ内でとれたオリーブの油、庭のハーブなど、新鮮な食材が並ぶ

周辺の見どころ

10月～５月には数百頭のイルカの群れに出会うことも

★イルカと泳ぐ

シュノーケルを付け、イルカと一緒に海を泳ぐツアー。仲良くなるコツは、イルカのように海中に潜り、円を描くようにぐるぐると泳いで彼らの気を引くこと。イルカは興味をもつと、近寄ってきて話しかけるようにじっと目を覗き込み、周りをぐるぐると泳ぎ始める。一生の思い出にぜひお勧め。

ハプク・ロッジから12km。ツアーは夏は１日３回、冬は１日２回、３～3.5時間で150NZドル（約9500円）、ウェットスーツ、シュノーケルのレンタル代を含む。

電話：+64(0)3 319 6777

http://www.dolphinencounter.co.nz/

星の観察ツアーは月の写真撮影が人気

★夜空のガイドツアー

望遠鏡で満天の星を観察するナイトツアーは、日没から１時間後、カイコウラ半島に向けて出発。星を観察しながら、海洋探検家キャプテン・クックはニュージーランドへの航海に南十字星をどう利用したか、などガイドが南半球の星々について語ってくれる。1.5時間、50NZドル（約3200円）。10名まで。

電話：+64(0)3 319 6635

http://www.kaikouranightsky.co.nz/

植樹でカーボンオフセット

★旅行者のための植樹プロジェクト

飛行機でカイコウラを訪れた旅行者のためのエコ・プロジェクト。カイコウラの美しい丘陵に、自分の名前をつけた苗木を植樹する。木はスタッフによって丹念に育てられ、ウェブサイトで成長過程を確認することができる。植樹するのはニュージーランド原産の木で、800年生きるものもある。20NZドル（約1300円）、40NZドル（約2500円）の２種。

電話：+64(0)3 319 7148

http://www.treesfortravellers.co.nz/

可《お》笑《か》しなホテル

著者　ベティーナ・コバレブスキー
訳者　松井貴子
編集　浜崎慶治

発行所　株式会社 二見書房
東京都千代田区三崎町２-18-11
電話 03(3515)2311　営業
　　 03(3515)2313　編集
振替 00170-4-2639

印刷／製本　図書印刷株式会社

ISBN978-4-576-11042-4
http://www.futami.co.jp

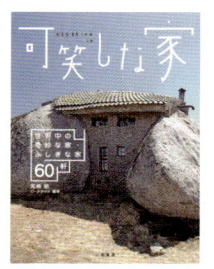

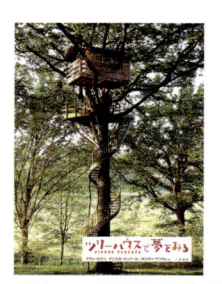